Jürgen von der Lippe, Jahrgang 1948, ist eine der bekanntesten Persönlichkeiten der deutschen Unterhaltungsbranche. Vor 48 Jahren stand er zum ersten Mal auf der Bühne, hat mehr Alben produziert als die Beatles und hat seit 41 Jahren nebenbei auch ein wenig Fernsehgeschichte geschrieben. Er hat alle wichtigen Preise bekommen, den Grimme Preis und die Goldene Kamera gleich zweimal. Neben gelegentlichen Ausflügen zum Film und auf Theaterbühnen schreibt der umtriebige Altmeister seit etlichen Jahren Bücher, die regelmäßig auf den Bestsellerlisten landen, mittlerweile sind es 15. Wenn es ihm gefällt, liest er ab und an auch mal ein Hörbuch ein – auch dafür gab es schon Preise. Nach seinem Romandebüt *Nudel im Wind* von 2019 gibt es jetzt wieder neue Geschichten und Glossen.

Jürgen von der Lippe

Sex ist wie Mehl

Geschichten und Glossen

PENGUIN VERLAG

Zitat auf Seite 145 nach Gernhardt, Robert; Bernstein,
F.W.: Besternte Ernte. Frankfurt (Main) 1997.

FSC
www.fsc.org
MIX
Papier | Fördert
gute Waldnutzung
FSC® C014496

Klimaneutral*
Druckprodukt
ClimatePartner.com/14044-1912-1001

Penguin Random House Verlagsgruppe FSC® N001967

1. Auflage 2022

in der Penguin Random House Verlagsgruppe GmbH,
Neumarkter Straße 28, 81673 München
Umschlag: Sabine Kwauka
Umschlagmotiv: Anne Dohrenkamp
Redaktion: Matthias Bischoff
Gesamtherstellung: GGP Media GmbH, Pößneck
Printed in Germany
ISBN 978-3-328-10954-9
www.penguin-verlag.de

Inhalt

27 Millionen

»Herzlich willkommen, liebe Freundinnen und Freunde, ich habe euch heute Abend aus einem ganz besonderen Grund hergebeten, ihr seid meine drei besten Freunde, das ist mir wichtiger als meine Kohle, die ich im Überfluss habe. Und nun habe ich auch noch 27 Millionen Dollar von einem Onkel aus Amerika geerbt, den ich gar nicht kannte, dessen einziger Verwandter ich aber wohl bin, und die würde ich euch gerne schenken. Ich könnte jedem neun Millionen geben, sodass ihm nach Steuer knapp fünf Millionen bleiben.

Nun seid ihr aber sehr unterschiedliche Persönlichkeiten, an dem einen schätze ich dies, an dem anderen hasse ich das, außerdem finde ich Gleichmacherei öde. Wir spielen also *The winner takes it all.* Jeder hat eine Minute Zeit, mich in einer kleinen Rede davon zu überzeugen, dass ihm oder ihr das ganze Geld zusteht, der Sieger bekommt alles, die anderen haben einfach einen schönen Abend. Ich mache mir Notizen und werde dann zu einer Entscheidung kommen, die ich aber nicht hier und heute bekannt geben werde, sondern in den nächsten Tagen und zwar nur dem Betreffenden persönlich, damit diese kleine Party nicht von negativen Gefühlen überschattet wird. Wolfgang, würdest du anfangen, bitte.«

»Lutz, du kennst mich seit 36 Jahren, wir haben uns im Rettungswagen kennengelernt, nachdem ich bei diesem Autounfall beide Beine verloren habe. Du warst damals ein junger Rettungssanitäter und musstest kotzen, ich habe dir noch ein Taschentuch gereicht, bevor ich ohnmächtig wurde, ich komme eigentlich gut klar als Rollstuhlfahrer, habe sogar schon bei den Paralympics mitgemacht, wo ich zwar keine Medaille gewonnen habe, aber eine Sportkameradin sexuelle Handlungen an mir vorgenommen hat. Das fand ich zwar irgendwie ganz prickelnd, aber ein richtig schneller Elektrorollstuhl …«

»Ja, Wolfgang, danke, das wird notiert, die Nächste ist Evelyn, und bitte!«

»Ich muss sagen, ich empfinde diese Situation mehr als surreal, sie macht uns irgendwie zu Gegnern, damit kann ich nicht gut umgehen, und da ich als Heilpraktikerin und Yogalehrerin einen Beruf habe, der mich ausfüllt und sehr glücklich macht, und ich mir auch gar nicht vorstellen möchte, wie mich so viel Geld möglicherweise zum Negativen hin verändert, ganz zu schweigen davon, dass die Freundschaft zu Isabell und Wolfgang wahrscheinlich zerbrechen würde, möchte ich dich, lieber Lutz bitten, mich nicht in Betracht zu ziehen, es sei denn, du möchtest das Sterbehospiz, für das ich ehrenamtlich arbeite, unterstützen. Das wär's von mir.«

»Danke Evelyn, ich bin beeindruckt. Isabell, du bist die Letzte. Die Minute läuft!«

»Lieber Lutz, eine Minute ist nicht viel Zeit, es entspricht ungefähr der Zeitspanne, die du brauchst, um zu kommen, wenn man dir einen bläst, ich weiß nicht, wie viele in dieser Runde das wissen. Das ist eigentlich schade, deswegen würde ich meinen Ehrgeiz darauf verwenden, dich dazu zu bringen, zehn Minuten durchzuhalten, das liegt deutlich über dem internationalen Mittelwert und würde deine Lebensqualität zumindest auf diesem Sektor doch deutlich erhöhen. Außerdem …«

»Danke Isabell, sehr schön, da hast du die Latte ja recht hoch gehängt, wenn ihr mir den Kalauer gestattet, und jetzt lasst uns einen schönen Abend haben.«

Lutz klatschte in die Hände, und eine eigens für diesen Abend angemietete Cateringfirma begann, vom Feinsten aufzufahren. Aber irgendwie war die Stimmung nicht sehr gelöst. Keiner der drei potenziellen Dollar-Millionäre konnte sich von dem Druck der Ungewissheit frei machen. Habe ich mich wirklich optimal verkauft, oder wäre das auch besser gegangen? Zwei Stunden später, nachdem Wein und Verdauungsschnäpse ihre Arbeit getan hatten, war dann Wolfgang der Erste, der versuchte nachzubessern.

»Lutz, ich möchte doch gerne noch etwas zu dieser Geldsache loswerden …«, begann er mit nicht ganz unbeschwerter Zunge. »Du weißt, meine Mutter lebt im Heim, was mich jeden Monat einen Teil meiner Invalidenrente kostet, und ich kann sie nicht oft genug besuchen, weil zweimal Umsteigen mit der Bahn im Rollstuhl … du weißt ja. Kurz und gut, ein Ohne-Beine-Auto wäre schon eine große Hilfe und eine ebenerdige kleine Wohnung oder ein Bungalow im Grünen, also ich werde dieses Bild nicht los, wie ich dir damals im Rettungswagen das Taschentuch …«

»Ist gut, Wolfgang, wir sprachen drüber.«

In diesem Moment wurde Lutz' Aufmerksamkeit von der Tatsache beansprucht, dass Evelyn sich unter dem Schutz des Tischtuchs an seinem Hosenstall zu schaffen machte, während sie ihm zuraunte: »Lieber Lutz, Blasen ist Kinderkacke gegen das, was ich auf meinen Yogalehrgängen in Thailand gelernt habe, ich kann …«

Ein schriller Ton schnitt ihr das Wort ab, und der Moderator des Poetry-Slam-Gruppenabends betrat die Bühne.

»Sorry, ihr Lieben, die Zeit ist rum, da kann ich leider keine Ausnahmen machen, obwohl ich verdammt gern gehört hätte, was Isabell noch hätte drauflegen können, schade, schade, schade, euer Applaus!«

Drei Wünsche

Sie: Du?

Er: Ja, Schatz?

Sie: Wollen wir was spielen?

Er: Oh, ja, gerne, wie wär's mit versaute Kammerzofe und notgeiler alter, aber stocktauber französischer Adliger?

Sie: Du bist so vorhersehbar mit deinen gestrigen Machtfantasien, wenn schon, dann geniale Oberärztin, die ihrem schärfsten Konkurrenten für den Chefarztsessel vorgezogen wird, dann noch einem seiner Patienten das Leben rettet, weil er eine falsche Diagnose gestellt hat, und ihm dann aber gnädig eine Runde Mitleidssex spendiert. Aber eigentlich wollte ich dir das Drei-Wünsche-Spiel vorschlagen. Ich nenne dir drei Wünsche, zwei darfst du ohne Begründung ablehnen, die dritte Ablehnung muss begründet werden und einen gleichwertigen Ersatzwunsch beinhalten.

Er: Und was habe ich davon?

Sie: Du kannst intellektuell glänzen und machst mir eine Freude, die möglicherweise zu einem kurzen Dankeschön-Sex führt, das ist doch wohl eine Win-win-win-Situation!

Er: Ja, für dich, wie wär's denn, wenn ich dir auch drei Wünsche vortrage?

Sie: Vielleicht später. Jetzt spielen wir erst mal meine Version. Also: Ich wünsche mir entweder ein Kind, eine Affäre oder die Scheidung.

Er: Hast du sie noch alle?

Sie: Jetzt block doch nicht wieder gleich ab, ich hol' dir auch ein Bier!

Er: Ist es kalt?

Sie: Wenn du es in den Kühlschrank gestellt hast.

Er: Verstehe, aber deinen Sekt hast du natürlich kalt gestellt.

Sie: Natürlich, gut, dass du mich erinnerst, holst du mir ein Gläschen?

Er: Das wäre dann der vierte Wunsch, somit entfällt einer von den drei ersten, was nehmen wir, das Kind?

Sie: Was ist das denn für eine Alternative? Ein Kind oder ein Glas Sekt?

Er: Deine Entscheidung.

Sie: Dann verzichte ich auf die Scheidung.

Er: Wie du willst, bleiben das Kind und der Geliebte. Oder Cicisbeo, wie der Italiener sagt.

Sie: Hä?

Er: Habe ich gerade in Helmut Kraussers Roman *Trennungen. Verbrennungen* gefunden. Cicisbeo ist das italienische Wort für einen vom Gatten geduldeten Hausfreund der Frau. Darauf habe ich keinen Bock, der ist gestrichen.

Sie: Das kann man aber auch mit Humor nehmen, wie dieser Mann, mit seinem … wie hieß das Tschittibängbäng?

Er: Oh Gott, nein, das ist ein Auto, das im Mittelpunkt eines britischen Musical-Fantasyfilms steht. Der Name kommt von den merkwürdigen Motoren und Auspuffgeräuschen, die der Wagen macht.

Sie: Verstehe, Pupsi!

Er: Cicisbeo ist das Wort, Cicisbeo!

Sie: Genau, und dem hat ein Typ einen Brief geschrieben und ins Netz gestellt, und der ging dann viral.

Er: Was hat er denn geschrieben?

Sie: Ganz praktische Sachen, dass er nicht böse wäre, weil er jetzt öfter zum Angeln gehen könnte, aber er soll nicht immer das ganze Bier wegsaufen und die Klorolle auswechseln, wenn er das letzte Blatt benutzt hat, und nach dem Sex möge sich der Galan an etwas Wegwerfbarem »abwischen« – aber bitte nicht die Sachen aus dem Korb mit der Männerwäsche nehmen. »Das sind meine sauberen Sachen. Meine Frau wäscht sie nicht. Letzte Woche war mein Sweatshirt verkrustet.« Lustig, oder?

Er: Ganz toll. Den Wunsch nehmen wir aber trotzdem nicht. Ich würde das nicht ertragen.

Sie: Das finde ich super, dann will ich jetzt auf der Stelle ein Kind von dir.

Er: Das wollte ich eigentlich streichen.

Sie: Kommt nicht infrage.

Er: Ich fürchte doch, ich bin sterilisiert, also vasektomiert, genauer gesagt. Dabei werden die Samenleiter durchtrennt und jeweils ein etwa zwei Zentimeter langes Stück entnommen. Die offenen Enden werden abgebunden, umgeschlagen und in unterschiedliche Gewebsschichten zurückgelegt. Alternativ können die Enden auch elektrisch verödet werden …

Sie: Ist ja gut, too much information, sag mal, wieso weiß ich das nicht?

Er: Du hast nie gefragt.

Sie: Wann hast du das machen lassen?

Er: Ist schon ewig her, bevor wir uns kannten.

Sie: Und wenn ich nun ein Kind wollte?

Er: Müssten wir eins adoptieren.

Sie: Oder ich müsste meinen Tschittibängbäng bitten.

Er: He, he … bitte? Sag nicht, du hast einen!

Sie: Schon ewig, da kannten wir uns noch gar nicht. Kann ich jetzt meinen Sekt haben auf den Schreck?

Alkohol macht religiös

Jetzt zu einem Thema, ohne das Sie nicht auskommen: Alkohol. Und da habe ich eine schlechte Nachricht für die, die keinen trinken. Sie sind statistisch gesehen die Gruppe mit der niedrigsten Lebenserwartung, wie aus einer seriösen Studie hervorgeht. Selbst der exzessive Trinker wird laut Statistik älter als der Abstinenzler, aber das ist auch logisch, warum soll der alt werden, hat doch eh keinen Spaß, die arme Sau.

Seit ich das weiß, zwinge ich mich, mäßig zu trinken, weil ich mir die Chance auf ein langes Leben nicht verbauen will. Früher habe ich mehr getrunken, aber das war berufsbedingt. Als Student habe ich mal bei einer Fertighausfirma gejobbt, das war schön, jeden Tag Richtfest.

Aber natürlich müssen wir auch über die Nebenwirkungen reden.

Alkohol macht manche Leute aggressiv. Sie können der friedlichste Mensch der Welt sein, aufopferungsvoller Vater, zärtlicher Liebhaber, Träger des Bundesverdienstkreuzes erster Klasse am Band – nach zwanzig Doppelkorn sieht die Welt anders aus.

»Verfatz dich, du Pissbacke, sonst dreh ich dich auf links!«

»Meinen Sie nicht, Sie hätten jetzt genug, Herr Bischof?«

Ich sage es ganz deutlich: Wer zur Aggression neigt, Finger weg vom Alkohol! Dann lieber kiffen. Nein, im Ernst, wie oft liest man in der Zeitung: Betrunkener verprügelte Frau. Haben Sie schon mal gelesen: Bekiffter verprügelte Frau? Er hatte es vielleicht vor, aber dann hat er eine schöne Tüte durchgezogen und es vergessen.

Und schließlich diese Angebertypen: Haben Sie schon mal so einen Weinfredi beim Verkosten erlebt?

»Oh, was für eine Nase, Beerenfrüchte, Vanille, aber auch ein Hauch Zitronenabrieb, oh, was für ein Körper, voll, aber nicht zu muskulös, das rassige, feine Säurespiel, und die diskreten Tannine, und dieser lange weiche Abgang, oh, was ist denn da alles drin, Zimt, Weihrauch, Myrrhe, Nelken, Leder, Dörrobst, Röstaromen und eine Spur Damensattel nach scharfem Ritt!«

Was für ein Quatsch! Es gibt genau zwei Möglichkeiten, einen Wein im Restaurant zu kommentieren. Die eine ist: »Bäh, was ist das denn für eine Plörre?«, die andere: »Mmh, gut, stellen Sie die Flasche dahin, wo ich sie sehe, oder besser dahin, wo ich sie erreichen kann, näher, näher, näher, gut, danke.« Mit Bier macht man doch auch nicht so ein Geschiss!

»Was für eine Nase! Ah, ich schmecke die Erde Schleswig-Holsteins, die der Brauer unter den Fingernägeln hatte, schwarz, feucht und 'ne Spur Gülle.« Um mit Herbert Knebel zu sprechen: »Hauptsache, die Pisse knallt!«

Aber zurück zu den Nebenwirkungen: Manche werden nach Alkoholgenuss religiös, liegen um vier Uhr morgens auf den Knien, halten die Kloschüssel umklammert und suchen den Dialog mit dem Schöpfer: Lieber Gott, lass mich sterben!

Wenn ich was zu sagen hätte, würde ich alle Menschen, die Alkohol trinken wollen, insbesondere Jugendliche, wissenschaftlich fundiert darauf testen, was Alkohol bei ihnen bewirkt. Und dann kriegt jeder einen A A, also einen Alkoholausweis, und den muss er vorzeigen, wenn er saufen will.

»Einen achtfachen Scotch auf Eis!«

»Ihren Ausweis bitte!«

Und dann steht da: w. a., wird aggressiv.

Und dann sagt der Wirt: »Sorry, hier ist die Karte mit den alkoholfreien Drinks.« Oder es steht da: w. z., wird zutraulich, man könnte es auch spezifizieren, w. z. b. n. E., wird zutraulich, besonders nach Eierlikör. Dann kann der Wirt unter Umständen auch Gäste zusammenführen und sagen, »Gisela, du bist doch auch ZBNE, hier habe ich einen Match, der Blonde hier, am besten, ihr nehmt 'ne Flasche, ist doch billiger!«

Oder w. w., wird witzig, hat Entertainerqualitäten, da weiß der Wirt, der unterhält mir hier den ganzen Laden, da kann er nach dem Blick auf den Ausweis sagen: »Für Sie ist den ganzen Abend Happy Hour!«

Bei mir würde eine ganze Menge stehen, w. w., s. z., p. a. v. P. e.: wird witzig, sehr zutraulich, pennt aber vorm Poppen ein.

Der Fortschritt

In der Stuttgarter Zeitung vom 20. Januar 2016 beschreibt Klaus Dörre, Professor für Soziologie in Jena, in einem Interview das weitere Fortschreiten der Rationalisierung.

Er meint, dass in Zukunft ein Mähdrescher per Mobilfunk und Internet selbstständig den Hersteller vom bevorstehenden Verschleiß eines Teils unterrichtet. Da habe ich das erste Mal gestutzt.

Es kam mir der Verdacht, dass der Prof wenig Ahnung vom telefonischen Kontakt mit Firmen hat. Ich zum Beispiel habe vor einiger Zeit einen neuen Sky Receiver mit separater Festplatte bekommen, mein alter war fünfzehn Jahre alt, noch aus der Premiere-Ära, das hat ein Kumpel für mich erledigt. Er brauchte auch nur vier Anläufe, dann kam schon alles, und da lag ein Zettel bei mit einer Liste, was ich alles an Sky zurückschicken sollte, unter anderem ein HDMI-Kabel, das es vor fünfzehn Jahren noch gar nicht gab.

Aber da stand, ich möge doch Verständnis haben, dass Sky mich im Nichtzurücksendungsfalle in Regress nehmen würde. Jetzt habe ich also selber die Hotline angerufen. Haben Sie das mal gemacht? Ich nicht, mir wurde also mitgeteilt, dass das Gespräch zum Festpreis abgerechnet würde, der Preis wurde aber nicht genannt.

Falls ich wünsche, dass das Gespräch aufgezeichnet würde, möge ich das dem Mitarbeiter sagen, dann fragte die gleichgültig klingende Stimme weiter: Sind Sie Kunde oder Interessent, dann drücken Sie die 1 oder sagen Sie Kunde, im anderen Fall drücken Sie die 2 oder sagen Sie Interesse.

Wenn man dann nichts macht, sagt die Stimme, Moment, das habe ich nicht verstanden, wenn Sie Kunde … Ich habe die 1 gedrückt. Nennen Sie Ihre Kundennummer, oder geben Sie sie ein, die ist zehnstellig. Spätestens da kommt der Mähdrescher doch ernsthaft ins Schleudern, wenn der aufgefordert wird, die Motorblocknummer zu nennen.

Dann wurde mir nahegelegt, meine Telefonnummer zu hinterlegen, das würde mir in Zukunft das Nennen der Kundennummer ersparen. Habe ich 2 für nein gedrückt. Jetzt ging es richtig ab: Was ist der Zweck Ihres Anrufs? Für Freischaltung drücken Sie die 1, für Technik die 2, für Vertragsfragen die 3, für Sky online die 4 und für eine Sky-Select-Bestellung die 5. Habe ich die 3 gedrückt. Für was steht die 3? Sie? Ja. Sie müssen schon mitarbeiten, sonst können wir es auch lassen. 3 ist Vertrag.

Und dann sagte die Stimme: Ich verbinde Sie jetzt mit einem Mitarbeiter, Ihre Wartezeit beträgt voraussichtlich mehr als neun Minuten. Vom Kumpel wusste ich, dass sich das gern auf eine Stunde verlängert und habe das Gespräch beendet.

Jetzt wieder zu unserem Mähdrescher, da hängt der beim Hersteller, Claas, John Deere oder Deutz-Fahr in der Hotline und wartet darauf, dem Mitarbeiter mitzuteilen, dass der Rapsvorsatz locker ist oder die Überkehrschnecke es nicht mehr lange macht. Oder der Hordenschüttler.

Egal, der Soziologieprofessor meinte, das betreffende Teil wird dann weitgehend ohne menschliches Zutun selbsttätig im Werk erstellt und per Drohne innerhalb weniger Stunden zu dem Bauern geschickt.

Also ich stelle mir das jetzt so vor: Die Drohne wirft die Überkehrschnecke ab, verfehlt den Bauern nur knapp, der sagt dann wahrscheinlich zu seinem Mähdrescher: »Du Pannemann hast das Ding bestellt, jetzt bau es dir auch selber ein, ich bin Bauer, kein Mechaniker!«

Besuch von drüben

A: Guten Tag, Sie wünschen?

B: Guten Tag, ich möchte Horst sprechen.

A: In welcher Angelegenheit?

B: Das würde ich ihm gern selber sagen.

A: Tut mir leid, Herr Dudikoff empfängt Besucher nur, wenn er weiß, worum es geht.

B: Ich komme von der Lottozentrale und möchte ihn über einen Gewinn informieren.

A: In welcher Höhe?

B: Das möchte ich ihm gern selber sagen.

A: So kommen wir nicht weiter. Können Sie sich ausweisen?

B: Ja, ich meine, nein …

A: Dann hat es mich gefreut, einen schönen Tag noch.

B: Warten Sie, ich komme gar nicht von der Lottozentrale …

A: Das ist mir schon klar, und allein die Tatsache, dass Sie unter einem Vorwand ins Haus wollen, weckt in mir den Wunsch, unseren Kontakt zu beenden.

B: Verstehe ich, aber wenn ich Ihnen sage, wer ich wirklich bin, glaubt mir Ihr Arbeitgeber womöglich noch weniger.

A: Da ist eigentlich kaum noch Spielraum, und wen meinen Sie mit Arbeitgeber?

B: Na Horst, ich meine Herrn …, wie sagten Sie noch?

A: Sobcinski.

B: Nannten Sie nicht eben einen anderen Namen?

A: Richtig.

B: Das verstehe ich nicht, wie heißt er denn nun?

A: Das kann Ihnen eigentlich wurscht sein, Sie kennen ihn doch sowieso nicht und werden ihn auch nicht kennenlernen.

B: Wenn Sie verhindern, dass ich ihm sage, was mir aufgetragen ist zu sagen, nehmen Sie eine schwere Schuld auf sich, will sagen, Sie werden Ihres Lebens nicht mehr froh.

A: Das lassen Sie mal meine Sorge sein, welchen Vorwand haben Sie noch parat, um ins Haus zu kommen, vermutlich in der Absicht festzustellen, ob sich ein Einbruch lohnt?

B: Ich komme sozusagen von drüben.

A: Aus dem Osten, also der ehemaligen DDR?

B: Nein, aus dem Jenseits.

A: Da fällt mir aber ein Stein vom Herzen.

B: Wie?

A: Dass Sie endlich mit der Wahrheit herausrücken.

B: Freut mich, dass Sie mir glauben, damit hatte ich gar nicht mehr gerechnet. Würden Sie mich dann bitte Herrn … Horst melden.

A: Und wen darf ich melden?

B: Gunthram von Roth.

A: Hallo Gunthram.

B: Wie jetzt?

A: Ich bin Horst, ich lebe allein, kann mir keinen Butler leisten, aber vor Fremden so tun, um sie abzuwimmeln, verstehen Sie? Kommen Sie doch rein. Was läuft denn so im Jenseits?

B: Alles frisch, also um es kurz zu machen, ich bin im Mittelalter als Hexer verbrannt worden.

A: Klingt interessant, waren Sie denn ein Hexer, also sind Sie auf Besen geflogen wie Harry Potter oder haben mit dem Teufel verkehrt, oder beides?

B: Nein, ich habe den ganzen Kirchenzinnober nicht geglaubt und Heilkräuter verwendet, das reichte damals.

A: Schlimm, schlimm, schlimm, aber was habe ich damit zu tun?

B: Du bist meine Reinkarnation.

A: Ah ja, natürlich, dass ich nicht gleich darauf gekommen bin.

B: Und das Ganze ist eine groß angelegte Wiedergutmachungsaktion, die ganze Scheiße, die die Kirche im Mittelalter gebaut hat, soll, wo immer es möglich ist, wiedergutgemacht werden.

A: Nur dass ich es recht verstehe, du bist unschuldig verbrannt worden, und ich soll es jetzt besser haben, richtig?

B: Richtig.

A: Ich liebe ja solche Geschichten, aber wenn ich da jetzt eine Pointe erfinden müsste, täte ich mich schwer.

B: Musst du ja auch nicht. Hast du eine Küche?

A: Ja, jetzt nicht Poggenpohl oder Bulthaup, aber es ist alles Nötige da.

B: Bei den Heilkräutern habe ich ein bisschen geschwindelt, ich habe nämlich ein Rauschmittel aus Allerweltspflanzen entwickelt.

A: Sag bloß.

B: Und das Rezept soll ich jetzt an dich weitergeben. Und dazu müssen wir in die Küche. Hast du einen starken Mixer?

A: Ja, klar, für meine Smoothies.

B: Wunderbar, wir zermatschen jetzt Kamille, Brennnesseln, Lupinen, Mohn und Margeriten, kochen den Sud auf, setzen ihn zehn Minuten einem starken Magnetfeld aus und geben einen Teelöffel in ein Glas Wasser oder eine Tasse Tee, und dann wirst du aber Augen machen.

Und die machte Horst tatsächlich, als er, nachdem der Besucher gegangen war, feststellte, dass alle Wertsachen aus seiner Wohnung verschwunden waren. Die unter dem Namen »Entsafterbande« polizeibekannte Gang benutzte die immer gleiche Geschichte, und das Geräusch der Küchenmaschine war praktisch der Startschuss für den Raubzug. Sie flogen erst auf, als ausgerechnet das neueste Modell von Deutschlands bekanntester Küchenmaschine nach zwei Minuten den Geist aufgab und der Hausherr heimlich die Polizei alarmierte. Seitdem überlege ich, ob der Firma die Tatsache, dass ich den Namen bisher nicht genannt habe, nicht ein paar Euro wert sein sollte.

Epikur

Man sollte denken, Frauen können sich besser in die männliche Psyche eindenken als umgekehrt, aber das stimmt nicht. Eine Freundin erzählte, sie habe gerade mit einem Typen Schluss gemacht.

Ich sage: Warum? Und sie: Er wollte schon am zweiten Abend mit mir schlafen.

Ich sage: Entschuldige, aber da schätzt du diesen Mann ganz falsch ein, er wollte schon am ersten Abend mit dir schlafen, er hatte sich nur mehr Chancen ausgerechnet, wenn er bis zum zweiten Abend wartet.

Da war was los! Natürlich hat sie erwartet, dass ich sage, richtig so, dass du den Macho-Arsch hast abblitzen lassen, wo kommen wir denn dahin, gerade heute, #MeToo und so …

Kinder, wir müssen doch einfach mal den genetischen Tatsachen ins Auge sehen: Heterosexuelle Männer sind so programmiert, dass sie vom ersten Moment an, wo sie eine attraktive Frau sehen, gemeinsame Zukunftspläne machen und Dinge denken wie: Oh, sie hat so sanfte Augen, sie wird eine wunderbare Mutter sein, und der Busen reicht für Drillinge; gut, der Arsch ist ein bisschen dick, also ran an den Speck, bevor sie völlig aus dem Leim geht.

Ihr wisst es, Jungs, und die Mädels wissen es auch, und tief drin weiß es auch die Genderfraktion. Wir sind eben nicht wie manche Tiere. Schwäne und Wale sind monogam, haben einen Partner ihr Leben lang, das ist in ihrer DNS, das ist ein Programm, kein Verdienst, keine ethische Leistung aufgrund höherer Einsicht. Pinguine auch. Ein Pinguin guckt auf 8000 andere Pinguine, alle sehen mehr oder weniger gleich aus, und sagt: »Da, die 4000 von links. Dat is mein Schätzeken, mit der bleibe ich zusammen, bis der Tod uns scheidet.«

Das rührt mich zu Tränen. Das Kaiserpinguinmännchen brütet in einer Bauchfalte übrigens auch die Nachkommen aus. Gut, das wäre für mich ein Klacks. Das mit der Treue, schon schwieriger, habe ich gedacht, aber dann lese ich im *Spiegel* (13. bis 21. September 2018): Alles Quatsch! Pinguine haben eine Scheidungsrate von bis zu 80 Prozent. Der Pinguin ist also auch nur ein Mensch. Und kennt den Satz: Wir passen nicht zusammen, ich bin Wassermann, und du bist ein Arschloch, ich verlasse dich.

Und dann sagt der moderne Mann: Du hast ja so recht, nimm mich mit.

Es war Epikur, mein Lieblingsphilosoph, der eine wichtige Frage in die praktische Philosophie einführte, die Frage: »Wie viel Stress handele ich mir ein, wenn ich meinen geheimen Wünschen nachgebe?«

Also konkret: Steht es im Verhältnis zu den fünf Minuten Spaß, dass ich zu Hause fünf Monate die Hölle habe, wenn's rauskommt? Und es kommt immer raus.

»Schöne Kette hast du um, Schatz, die kenn ich ja gar nicht.«
»Ja, die hab ich im Auto gefunden!«

Und je älter man wird, wenn also, wie ich immer sage, die Bluthunde der Fleischeslust meist nur noch dösend vorm Kamin liegen, desto wahrscheinlicher endet das Ganze in einer Blamage.

Sind Sie schon mal beim Sex eingeschlafen? Es ist eigentlich gar nicht schlimm. Nur das Wachwerden ist blöd. Wenn die

Frau fragt: Sag mal, bist du etwa eingepennt? Nein, du hast mich bewusstlos gevögelt.

Sex ist weit überbewertet, wenn man älter wird. Hier noch ein toller Tipp: Was ist die beste Stellung für Sex im Alter? *Doggy Style,* dann können beide gleichzeitig fernsehen.

Das ältere Paar

Sie: Wir brauchen noch zwanzig Eier.

Er: Ist das nicht übertrieben in unserem Alter?

Sie: Sei nicht albern, wir werden die Eier bemalen.

Er: Wer ist wir?

Sie: Du und ich.

Er: Wozu? Werden wir sie dann verstecken und suchen? Das könnte dauern, weil wir uns ja beide nicht mehr erinnern, wo wir sie versteckt haben.

Sie: Wir sind zum Osterbrunch bei Tini und Leo eingeladen, und Tini meint, ich hätte immer so witzige Eierideen.

Er: Ach du Scheiße, da ist mir Ostern ja jetzt schon verleidet.

Sie: Ach jetzt komm, Ostern ist einmal im Jahr, da kannst du dich doch wohl mal zusammenreißen.

Er: Warum? Tini reißt sich doch auch nicht zusammen.

Sie: Was macht sie denn?

Er: Sie geht mir auf den Sack! Die Art, wie sie guckt, wie sie spricht, so laut, so gekünstelt, dann ihre Themen, das interessiert mich einfach nicht, und kochen kann sie nicht, und Vegetarierin ist sie auch noch. Wenn es wenigstens ein gescheites Osteressen gäbe, irgendwas mit Kaninchen oder so.

Sie: Dann isst du eben vorher was ganz Leckeres und kannst dort noch ein Salatblättchen mümmeln.

Er: Hä? Ich mümmele nicht!

Sie: Mein Gott, ich dachte wegen Ostern, Hase, verstehst du?

Er: Du kannst doch alleine mümmeln gehen, sag einfach, ich wäre krank.

Sie: Gut, wenn du zulassen willst, dass Leo mir beim Eiersuchen wieder unter den Rock fasst?

Er: Bitte? Wieso sucht er bei dir unterm Rock nach Eiern?

Sie: Sei bitte nicht kindisch, Leo ist ein alter Grapscher.

Er: Das ist doch wunderbar, das sagst du Tini, und dann brauchen wir da nie mehr hinzugehen.

Sie: Ach, das ist alles, was dir dazu einfällt, dass deine Frau sexuell belästigt wird?

Er: Och, jetzt bleib mal auf dem Teppich, wir sind doch nun alle in dem Alter, in dem wir hauptsächlich von unseren Erinnerungen zehren, das ist ein bisschen so, als ob man mit siebzig auf der Kirmes noch mal Raupe fährt.

Sie: Auf der Kirmes gibt es keine Raupenbahn mehr.

Er: Genau das ist es, was ich meine, Leo will sich noch mal jung fühlen, und du könntest, statt ins Zeitgeisthorn zu stoßen, genauso gut mitspielen, ihm auf die Finger hauen und sagen, na, du bist ja ein ganz Schlimmer! Machst du das bei jeder? Ich bin ja in festen Händen, aber was machst du, wenn's eine noch mal wissen will? Damit ist alles gesagt, und beide können auch noch drüber lachen!

Sie: Ich glaube, jetzt habe ich keine Lust mehr.

Er: Auf was?

Sie: Auf den Osterbrunch.

Er: Ach jetzt komm, Ostern ist einmal im Jahr, da kannst du dich doch wohl mal zusammenreißen!

Sie: Das ist jetzt nicht mehr witzig.

Er: Das ist ja wohl Ansichtssache, dann gehe ich eben alleine, du kochst mir vorher was ganz Leckeres, ich mümmele da ein Salatblättchen und sauf mir mit Eierlikör einen an. Und mit Leo.

Fischer und Fontane

Einen der schönsten Sätze über das Alter hat Fontane geprägt: Das Alter hat viel Hässliches und Dummes, aber ein Gutes hat es wohl: Es nimmt alles nicht mehr so wichtig, und man kann es so machen oder auch so.

Man kann also auch an dem Freude haben oder an dem. An zwei verschiedenen Aussagen über dieselbe Sache etwa. Ein Beispiel: Helene Fischer hatte einmal in Hannover Premiere mit ihrer neuen Bühnenshow. Mir fielen zwei Zeitungsberichte dazu in die Hände, die mich gleichermaßen entzückten. Hier zunächst Auszüge aus der *Bild*-Kritik:

Überschrift: »Helene macht alle nass!« Eine atemberaubende Mischung aus Musik, Akrobatik und Tanz. Absoluter Höhepunkt: Helene sang ihr Lied »Wenn du lachst« in einem Wasserkleid. Am Oberkörper trug sie einen durchsichtigen Body, untenrum nichts als sprudelndes Wasser in Form eines Reifrocks. Ein magischer Moment, der die zehntausend Fans in der Halle staunen ließ. Wie hat die Fischer das gemacht? *Bild* weiß: An der Sängerin waren Schläuche befestigt, durch die das Wasser in einen Reif floss. Dieser Reif lag wie ein Gürtel um ihre Hüften und hatte Düsen, aus denen das Wasser schoss. Für die Performance wurde Helene aus dem Bühnenboden herausgefahren – fünf Meter hoch! Im Anschluss an den Song verschwand sie auf demselben Weg wieder nach unten.

Ich hab's nicht glauben wollen, als ich das las. Jeder hätte doch damit gerechnet, dass sie zurück einen anderen Weg nimmt. Aber jetzt kommt der Satz des Abends, oder Tages, je nachdem, wann Sie es lesen: »Nach diesem Auftritt ist klar: Helene Fischer kocht nicht nur mit Wasser!«

Wenn das mal keinen Preis gibt. Die Besprechung in der *SZ* war auch schön, aber anders: »Der Höhepunkt des Konzerts ist klar der Wasserdüsenrock. Etwa zur Halbzeit der Show singt Helene Fischer mit einer um ihre Hüften befestigten Konstruktion aus Düsen, aus jeder schießt ein Wasserstrahl, sodass es aussieht, als würde sie in alle Himmelsrichtungen zugleich pinkeln. Wäre es nicht fantastisch, wenn man Helene Fischer als Bewässerungsanlage mieten könnte?«

Hier tritt der Personenkult zugunsten der ökologischen Überlegung in den Hintergrund. Der Autor steht offensichtlich den Grünen nahe. Man kann es so sehen oder auch so.

Glücksbuchführung

Der berühmte Schauspieler wurde wach und horchte in sich hinein, ob es ein Glücksüberschusstag werden würde oder nicht. Seine Prognose lautete: G, also Glück. Er krakelte ein G in seine Glückskladde, in der er Buch führte. Der Mime spürte ein Niesen aufsteigen, ein Blick zum Nachttisch – kein Tempotuch, also in die hohle Hand geprustet. Voll eklig.

Nachdem er sich im Bad gesäubert hatte, schrieb er in die linke, die Unglücksspalte: U3, also ein Unglück oder auch Laune-Killer der Stufe 3, auf einer Skala von eins bis zehn. Der Ausgleich erfolgte sozusagen auf dem Fuße, der Morgenstuhl war überreichlich, weich, aber noch geformt, und erfolgte in drei Schüben, die jeweils von einem Wonneseufzer begleitet wurden. G6 in die rechte Spalte.

Nach der Defäkierung stieg er hoffnungsfroh auf die Waage: U6, ein Kilo mehr als am Vortag, Laune im Keller. Ein Blick auf den Merkzettel am Spiegel mit dem Stoßgebet: »Lieber Gott, wenn du mich schon nicht abnehmen lässt, lass wenigstens alle meine Freunde zunehmen«, machte ihn auch nicht froher. Also auch kein Bock auf den eigentlich obligatorischen sanften Sport.

An Kraftstrotz-Tagen, wie er sie nannte, riss er die kompletten zwanzig Minuten am Stück runter, dabei sprang in der Regel eine G9 heraus, an *weak days*, also schwachen Tagen, sportelte er drei Mal sieben Minuten. So wie heute. Er setzte sich auf sein Rudergerät und stellte sich vor, wie er den Rhein hinunterfuhr, mit der Strömung, an einem sonnigen, aber nicht zu warmen Tag, ein Ausflugsdampfer voller alkoholseliger Urlauber kam ihm entgegen.

Die Wellen ließen sein Paddelboot ganz schön schaukeln, trotzdem erkannten ihn die meisten Urlauber und begannen, seinen Namen zu skandieren: »Johnny, Johnny, ayayayay.« Das hatte sich seit seinem letzten Kinohit eingebürgert, wo er einen Fußballtrainer gespielt hatte, der einen maroden Provinzverein aus der 4. Liga in die 1. geführt hatte. Und gleich noch ins Champions-League-Finale.

Seine Jungs hatten diesen Schlachtruf gefühlte hundertmal skandiert, sogar noch am Grab, weil ihn mit dem Siegtor in der Verlängerung ein Herzinfarkt dahingerafft hatte. So viele Menschen hatten noch nie im Kino geweint, und zwar Männer und Frauen, wenn auch aus unterschiedlichen Gründen. Bei dieser Vorstellung kamen ihm selbst die Tränen, und er notierte rasch ein G7.

Nach den sieben Minuten Rudern gönnte er sich zwanzig Minuten im Whirlpool, was ein G10 brachte. Im Sprudelbad kamen ihm nämlich die besten Ideen, so auch diesmal. Er würde einen des Mordes Angeklagten spielen, der sein Gedächtnis verloren hat und in den sich während des Prozesses die Staatsanwältin verliebt. Das bisschen, was an der Story noch fehlte, würde sein Lieblingsautor ergänzen.

Beschwingt machte der Charakterdarsteller sich an die Zubereitung eines einfachen Frühstücks: eine halbe Pampelmuse, gewürzt mit Himalayasalz, Wassermelonenstücke mit Schafskäsebrocken, verfeinert mit Limonensaft und schwarzem Pfeffer, und zum Abschluss einige Gemüsestangen mit einem Magerquarkdip. Das alles war natürlich nur das Vorspiel zu einem voluminösen Apfelpfannkuchen. Der Genuss brachte G10, das schlechte Gewissen U8.

Sein Agent rief an: »Glückwunsch, Alter!«

»Zu was?«

»In der *Süddeutschen* steht eine richtige Eloge auf dich!«

»Wurde auch Zeit, dass die es langsam mal raffen. Liegt sonst was an?«

»Ich wollte es dir eigentlich erst sagen, wenn das Angebot konkreter ist, aber eine Produktionsfirma soll eine Riesen-TV-Kampagne für einen Fertig-Szene-Cocktail planen, und sie haben angefragt, ob sie deinen Namen ins Spiel bringen können.«

»Was für ein Fertig-Szene-Cocktail?«

»Na, so was wie den Negroni, der alte Klassiker, der gerade wieder kommt, in light mit etwas Kohlensäure und Gurke. Die Gurke geht ja gerade durch die Decke bei den Mixgetränken, schlägt irgendwie die Brücke zu den Smoothies, das ist soziologisch hochinteressant, weil …«

»Wie viel?«

»Mal langsam, ich habe erst mal signalisiert, dass wir, wenn, über einen mittleren sechsstelligen Betrag reden müssten.«

»Gut, was macht der Film, wo ich den Bischof im Mittelalter spiele, der in den Klöstern alles nagelt, was nicht bei drei auf dem Bau …«

»Das Projekt ist erst mal auf Eis, der Produzent sagt, das ist zu nah an der Realität und die Stimmung gegenüber der Kirche.«

»Schade, da hatte ich mich irgendwie drauf gefreut und dann in Palermo …« »Nee, das war sowieso gestrichen, hab ich dir das nicht erzählt? Das wäre, wenn, jetzt Münster gewesen.«

»Gut, ich muss los, wir telefonieren.«

Jetzt hieß es erst mal die Glücksbuchführung auf den neuesten Stand bringen: Eloge in der *SZ*, allein für die Nachricht G7, möglicher Werbeauftrag G6, geplatzter Film: U9.

Der berühmte Schauspieler klappte seine Glückskladde zu und machte sich auf den Weg zum Zeitungsladen. Beim Verlassen des Hauses sah er auf der anderen Straßenseite seine langjährige Stalkerin, die sich ihm laut Gerichtsbeschluss eigentlich nur auf fünfzig Meter nähern durfte.

Eine heiße Welle der Wut überspülte ihn gerade, da sah er, wie ein Radfahrer von hinten an die Frau heranfuhr, ihr die Handtasche von der Schulter reißen wollte, sie hielt aber fest und schrie, der Radfahrer trat gewaltig in die Pedale, die Stalkerin hob kurz ab, ließ dann los und knallte auf die Schulter.

Zum Glück eilten rasch Leute herbei, um zu helfen, sodass er seinen Weg zum Zeitungsladen, der auch ein Späti war, der ihn manches Mal, wenn es keinen Alkohol mehr im Haus gab, durch rührselige Nächte gerettet hatte, fortsetzen konnte. Er kaufte *Bild*, *SZ*, *Zeit*, *Bunte* und *Gala* und nahm Kurs auf sein Stammcafé. Der türkische Besitzer servierte ihm zum Milchkaffee ein Stück Mandelkuchen.

»Probierst du, hat meine Frau frisch gebacken.«

Er zückte seine Glückskladde. Stalkerin G5, Kuchen G7, *SZ*-Artikel G10. Bis jetzt ein wirklich toller Tag.

Dann klingelte sein Handy. Seine Exfrau: »Nur zur Info, Julian ist mit Drogen erwischt worden und Leonie beim Ladendiebstahl, wollte ich dir nur erzählen, bevor du es aus der Zeitung erfährst.«

Der nächste Anruf kam von seinem Agenten: »Die Werbung ist geplatzt, haben irgendeinen Deppen gefunden, der billiger ist, tut mir leid.«

Der berühmte Schauspieler überlegte kurz, ob er den Anruf seiner Frau nur einmal unter U10 verbuchen konnte oder zweimal, also für jedes Kind getrennt. Er entschied sich für einmal, um die Bilanz nicht zu negativ zu gestalten. Die weggefallene Werbung war, na ja, ein paar Hunderttausend weniger, ist noch mal U10, seine Laune war im Keller. Und Sodbrennen hatte er auch.

Auf dem Heimweg wurde er angesprochen, während er seinen düsteren Gedanken nachhing: »Entschuldigung, hätten Sie vielleicht einen oder zwei Euro …«

»Und was wären Sie bereit, dafür zu tun? Ein Gedicht aufsagen, ein Lied singen, einen Witz erzählen?«

Der Bettler starrte ihn überrascht an: »Na ja, ich war früher mal Autor beim Fernsehen, und Sie sind doch ein berühmter Schauspieler, ich habe da so eine alte Filmidee im Kopf, vielleicht ist es auch nur eine Kurzgeschichte …«

»Na, dann lassen Sie mal hören!«

»Also, ein Mann, vielleicht ein Schauspieler, wird morgens wach und horcht in sich hinein, ob es ein Glücksüberschusstag werden würde oder nicht. Die Prognose lautet: G, also Glück. Er krakelt also ein G in seine Glückskladde, in der er immer Buch führt. Dann muss er niesen, hat aber kein Taschentuch, rotzt sich also in die hohle Hand, das gibt dann ein U3 in der Glückskladde, dann muss er kacken, und das ist aber ganz toll …«

»Ja danke, ist ja ulkig, die Idee hatte ich auch mal und führe seitdem Glückstagebuch …«

»Natürlich«, sagte der ehemalige Autor, »das kenne ich schon, habe ich etliche Male beim Fernsehen erlebt, man trägt eine Idee vor, sie wird abgeschmettert, und zwei Jahre später sieht man seinen Film dann auf dem Sender.«

»Nein, bitte, hier ist mein Glückstagebuch mit den Einträgen von heute, sogar niesen und kacken ist dabei, das ist ja völlig abgefahren!«

Die beiden sahen sich konsterniert an, der ehemalige Autor und der berühmte Schauspieler, und stellten dabei fest, dass sie abgesehen von der unterschiedlichen Kleidung und dem Gepflegtheitsgrad einander ähnelten wie ein Ei dem anderen.

Und jetzt die Frage an Sie, liebe Leser: Ist die bisherige Tagesglücksbilanz des berühmten Schauspielers positiv oder negativ?

Geh deine Oma melken

Sigmund Freud sagt: Derjenige, der zum ersten Mal anstelle eines Speers ein Schimpfwort benutzte, war der Erfinder der Zivilisation.

Die wäre demnach etwa dreitausend Jahre alt. Um diese Zeit findet man im altindischen Rigveda, dem heiligen Buch des Hinduismus, das älteste bisher bekannte Schimpfwort, nämlich: Hund. Etwa gleich alt ist eine altägyptische Schimpfformel: Soll ein Esel dich vögeln.

In allen Kulturen, in denen die verbale Kommunikation einen hohen Stellenwert genießt, stellen Schimpfwörter einen wichtigen Bestandteil dar. Es ist auch mittlerweile medizinisch-psychologisch bewiesen, dass sämtliche Formen von Verbalattacken hervorragend dazu geeignet sind, Spannungen zu lösen sowie Stress abzubauen. Anders ausgedrückt: Schimpfen und Fluchen sind für die Gesundheit ebenso wichtig wie Lachen oder Weinen, sagen Malediktologen, also diejenigen Wissenschaftler, die sich der Erforschung des »Schlechtredens« widmen.

Was noch interessant ist: Personen, die im Rahmen eines Versuchs ihre Hand in Eiswasser halten sollten, ertrugen das zwei Minuten länger, wenn sie fluchen durften, als die, die einen Tisch beschreiben sollten. Beim Fluchen wird das Stresshormon Cortisol ausgeschüttet, das die Schmerzempfindlichkeit senkt. Deswegen fluchen viele werdende Mütter während der Wehen extrem. Habe ich gelesen. Da ist natürlich sofort die

Fantasie mit mir durchgegangen, dass die Frau ihren Mann bis in die dritte Generation verflucht. Ist das so? Das wäre doch mal ein Thema für eine Dissertation.

Ansonsten wird am meisten im Auto und auf der Arbeit geflucht, was bei Taxifahrern ja zusammenfällt. Aber man muss sagen, wir Deutschen schimpfen langweilig: »Das ist eine höchst unangemessene Bemerkung, über die ich Sie bitte, noch einmal nachzudenken!« ist langweiliger als »Isch fick die erste Reihe bei deiner Beerdigung!« Woanders hat man mehr Fantasie und ist auch ehrlicher.

Der australische Kraulschwimmer Mack Horton hatte den wegen eines Herzmittels gesperrten Chinesen Sun Yang einen Dopingbetrüger genannt. Daraufhin wurde er in den chinesischen Medien und sozialen Netzwerken scharf attackiert, unter anderem wurde der Wunsch geäußert, Sun möge doch von einem örtlichen Känguru getötet werden, eine Vorstellung, die mich sehr erheitert hat. Und beflügelt. Ich habe lange überlegt, welches landestypische Ungemach die Chinesen wohl einem deutschen Kraulschwimmer an den Hals wünschen würden, vielleicht, dass er sich nach Sauerkrautgenuss die Rosette wegscheiße.

Ich habe mich ein bisschen mit mediterraner Schimpfkultur beschäftigt. Die Menschen dort erfreuen sich einfach leichter an fantasievollen und deftigen Redewendungen als wir. So wird ein Portugiese, schon wenn wir ihm nur eine unglaubliche Geschichte erzählen, ausrufen: *Vai t'a por num porco*, das heißt: Geh ein Schwein ficken!

Da sind die noch nicht sauer auf einen oder so, lediglich überrascht! Das ist wie wenn Sie hier am Stammtisch erzählen: Ich hab zwanzig Millionen im Lotto gewonnen. Ja da geh mir doch ein Schwein ficken, und das können Sie in dem Fall auch machen.

Wenn wirklich beleidigt werden soll, sagt der Spanier: *Me cago en la leche de tu puta madre*, also: Ich verrichte meine Notdurft in die Milch deiner im Rotlichtmilieu tätigen Mutter.

Die Rumänen sind kraftsprachlich auch sehr gut aufgestellt, ein ehemaliger Deutschschüler von mir und ein Markthändler, es ist viele Jahre her, aber ich hab es nie vergessen, beschimpften sich in Bukarest in meinem Beisein. Ich habe mir das später übersetzen lassen und auch auswendig gelernt. Da hieß es unter anderem: *Dutem pisda matti*, begib dich in die Vagina deiner Mutter, geh direkt dorthin, geh nicht über Los, ziehe keine dreitausend Euro ein.

Und jetzt machen wir mal eine kleine Schimpfreise um die Welt.

Unser holländischer Nachbar schimpft sehr direkt: Du vergammelter Hämorrhoiden-Pflücker!

Dicht dran ist der Norweger mit: Du Babykacke-Schnüffler!

Kroatien mag es ländlich-romantisch: Knabbere von dem schwarzen Dreck unter meinen Zehennägeln!

In der Heimat Dschingis Khans gehen Poesie und Anatomie eine glückhafte Verbindung ein: Nimm deinen Kiefer, um deinen Rücken zu kratzen, und deine Leber, um deinen Arsch zu wischen!

Und jetzt wird's rau! Auf Afrikaans heißt es: Deine Mutter fickt für Fischköpfe im Hafenviertel!

Mutterinjurien sind überhaupt weltweit zu finden, nicht nur im Orient.

Irland wünscht: Möge deine Scheiße auf dir explodieren. Warum eigentlich nicht in dir?

Und der Perser scherzt: Ich furze in den Bart deines Vaters.

Albanien: Mögest du von einem blinden Bären gefickt werden.

Dieser sodomitische Topos findet sich auch in Bulgarien: Deine Mutter lutscht Bären im Wald.

Assam, wo sonst der Tee herkommt: Ich werde deinen Pimmel anzünden. Bosnien: Küss meine Furzblasen in der Badewanne …

In Gujarat, wo Mahatma Gandhi geboren ist, heißt es: Dein Vater isst gebratene Scheiße.

Das Hebräische glänzt durch Fantasie: Mach einen Kopfstand auf dem Dach und richte deinen Pimmel auf den Mond.

Auf Jamaika wehren Frauen lästige Verehrer ab mit: Geh deine Oma melken. Der Malediktologe Reinhold Aman verortet die klügsten Beleidigungen im Jiddischen: Mögest du alle Zähne verlieren, bis auf einen, und der soll dir wehtun.

Das ist das Florett, in Korea geht man mit dem Vorschlaghammer zu Werke: Du bist ein Pimmel wie der Pimmel deiner Mutter, und der einzige Weg, wie du sterben sollst, ist, dass man dich in Durchfall brät.

Eine wahre Geschichte verdeutlicht den Mentalitätsunterschied noch eindringlicher: Argentiniens Sportchef Carlos Bilardo, 71, Weltmeistertrainer von 1986, 2010 Boss von Maradona und studierter Gynäkologe, hat bei Radio Telefe vor der WM gesagt: »Wer das Tor im Finale macht, kann mich von hinten nehmen. Ich weiß, dass das wehtut, und dass die Leute sagen, der ist verrückt. Mir egal, Hauptsache, wir werden Weltmeister.«

Die Reaktionen in der Mannschaft waren gemischt. Stürmer Martín Palermo sagte: »Ich schieße das Tor und setze ihm eine Perücke auf.«

Carlos Tévez: »Wenn ich treffe, soll er mir fernbleiben.«

Stellen Sie sich vor, was der Präsident des DFB auf die Frage antwortet: »Was machen Sie, wenn die deutsche Nationalelf Weltmeister wird?«

Bis zur Antwort »Dann gehe ich ein Schwein ficken!« ist es noch ein weiter Weg. Und er wird kein leichter sein. Man könnte sagen: Alle Menschen werden prüder, aber nur bei uns.

Blackout

Der große alte Mann des Theaters hatte seine Jünger beiderlei Geschlechts in der Theaterklause um sich geschart und gleich mal für Aufsehen gesorgt: »Wo ist dein Schal, den du immer trägst?«

»Weg. Wir müssen Muster durchbrechen, wo immer wir können, wir latschen viel zu oft auf ausgetretenen Pfaden, in jeder Beziehung. Apropos: Violetta und ich haben uns getrennt, sie wirft mir Untreue vor, was absurd ist, denn ich habe ihr nie Treue versprochen, aber es hat sich gelohnt, denn es hat mich auf die Idee zu einem neuen Stück gebracht.«

Alle rückten so eng wie möglich an den Meister heran, zwei Weingläser und eine Rhabarberschorle fielen um.

»Ich muss wohl nicht betonen, dass dieses Gespräch streng vertraulich ist, wenn da was durchdringt, ist die Idee weg, kann ich mich auf euch verlassen?«

Alle nickten stumm, einzelne Frauenaugen schimmerten bereits feucht.

»Also, wir haben Ado, CEO einer Werbefirma, und seine Frau Doro sowie seine Geliebte Gülcan. Dann gibt es noch Enzio, den erwachsenen Sohn aus erster Ehe. Doro weiß von Gülcan, Gülcan beansprucht auf lange Sicht die Alleinherrschaft.«

Nick B. Maybach blickte kurz in die Runde, um sicherzugehen, dass das Bonmot von der Alleinherrschaft auch angekommen war. War es. Die Gemeinde lächelte unimoto sozusagen, also bewegungsgleich. Solche Wortschöpfungen waren Nicks Markenzeichen, wobei ihn oft verdross, dass die Geschwindigkeit, mit der er so was kreierte, die Auffassungsgabe der Adressaten zumeist übertraf. Dann überkam ihn der Pevosa-Frust. Pevosa, für Perlen vor die Säue.

Er seufzte tonlos und schloss die Augen, um weiterzureden. »Ado unterbreitet seinen beiden Heldinnen« (auch hier musste er ganz kurz innehalten, um sich zu der Wortwahl »Heldinnen« zu gratulieren, die den Feministinnen und Feministen das Wasser abgraben würde) »einen Vorschlag: Doro und Gülcan würden regelmäßig, der Zeitraum wäre verhandelbar, die Rollen tauschen. Die eine wäre dann die Frau an seiner Seite rund um die Uhr, die andere die Nutznießerin der gestohlenen Zeit, sozusagen.«

Nick B. Maybach öffnete die Augen und blickte nach oben, um sich für das beifällige Seufzen zu wappnen. Es blieb aus. Stattdessen gab es einen derben Knuff in die Rippen.

»Wenn du noch mal einen Blackout verpennst, müssen wir zwei ein ernsthaftes Gespräch führen!«, zischte der Hauptdarsteller des Boulevardstückes, das gerade lief, und in dem Nick als Inspizient Dienst tat, also technischer Leiter war, der unter anderem das Licht im richtigen Moment an- und ausmachte, was eine Schlusspointe hell erstrahlen oder absaufen ließ, je nachdem. Seine Laune sank. Sein Vater leitete das Theater, hatte aber schon mehrfach durchblicken lassen, dass er ihm seine Nachfolge nicht zutraute. Einziger Lichtblick: Nach der Vorstellung hatte er ein Date mit der Freundin seines Vaters, einer Schauspielerin, die sich deutlich mehr Einsätze wünschte.

Geiger haben keinen Plan

Ganz wichtig in kritischen Situationen: Selbstbewusstsein verströmen. Wenn zwei finstere Typen in der Dämmerung in einer stillen Straße auf dich zukommen, Körperspannung aufbauen und einen wiegenden Gang annehmen. Und wenn dann einer sagt: Was hast du denn in deiner Brieftasche, Bruder, dann sag frei nach Clint Eastwood: Für jeden von euch ein paar Backpfeifen und einen Tritt in die Eier.

Dann werden die beiden vermutlich Anstalten machen, dich zu verprügeln. Und nun überrasch sie: Man kennt das ja, wenn Leute vor einer Prügelei die Brille abnehmen. Blödsinn, dann sehen sie doch nichts! Wenn ich nicht sowieso eine hätte, würde ich immer eine Fake-Brille dabeihaben, die ich mir aufsetze, wenn ich in eine Prügelei gerate. Das verwirrt den Gegner.

Wieso setzt du die Brille auf? Ich will sehen, wie du stirbst, nachdem ich dich an einer von sieben tödlichen Stellen getroffen habe. Okay, wenn die Burschen dir dann immer noch ans Leder wollen, vergiss den wiegenden Gang und renne.

Am Gang kann man übrigens ganz viel sehen. Zum Beispiel ob einer Single ist oder verheiratet. Singles gehen nicht, sie schnüren wie ein Fuchs, sie gucken, sie sind auf Beute aus, auf der Jagd, auf dem Kriegspfad sozusagen, hey, hey, ich bin spitz, sieht mich keiner?

Stiere drücken dasselbe anders aus, sie sagen Muh, mit so einem erotischen Unterton, Muuuh, und dabei treten sie nach hinten aus, probieren Sie das ruhig mal!

Verheiratete Männer gehen ganz anders, langsam, als ob sie bergauf gehen, sie haben keine Eile, sie müssen nirgendwohin, sie sind ja schon da, ein Mann heiratet, reift, verblüht und stirbt.

Und jetzt ein wichtiger Rat: Meiden Sie Experten. Die haben alle eines gemeinsam: Sie haben keine Ahnung, raten mir aber ab von dem, was ich gerne tue. Zum Beispiel: Man soll beim Essen nicht lesen oder fernsehen. Der Körper habe dann nicht das Gefühl, eine vollwertige Mahlzeit zu sich genommen zu haben. Wo ist das Problem? Dann bekommt er eben Nachschlag.

Halten Sie sich nicht an Meinungen, nur an Fakten. Nirgendwo gibt es mehr Hundertjährige als im Dorf Vilcabamba in Ecuador! Die medizinische Versorgung ist rudimentär, aber die Leute rauchen getrocknete Blätter vom Stechapfel, die Wirkung ist angeblich ähnlich wie beim Koksen, trinken viel Alkohol, essen, wann und was sie wollen, und sind bis zuletzt sexuell aktiv. Also, wer in Freuden alt werden will: Alles anders machen, als es die Ärzte empfehlen.

Man hat Experimente gemacht mit Affen und Brokern, also Börsenprofis. Die Affen haben auf irgendwelche Aktien getippt, die wurden dann gekauft oder verkauft, die Broker haben mit ihrem Sachverstand ausgewählt. Was ist passiert? Die Affen haben gewonnen, immer. Was haben die Broker gemacht? Ihre Ernährung auf Bananen umgestellt.

Unter Geigern, nicht zu verwechseln mit *Unter Geiern* von Karl May, also unter Geigern gilt die Stradivari als Nonplusultra. Da werden dann für eins der angeblich 144 Exemplare, die es noch gibt, gerne mal etliche Millionen abgedrückt. Warum eigentlich? Man hat in Amerika einen Blindversuch gemacht: 21 erfahrene Geiger sollten mit verbundenen Augen Geigen testen. Drei Geigen waren ganz neu, drei alt, dann gab es zwei Stradivaris und eine Guarneri. Ergebnis: Sie konnten die alten nicht von den neuen unterscheiden, und eine Stradivari wurde gar als schlechteste von allen beurteilt. Also Geiger haben keinen Plan, genau wie Wetterfrösche.

Es gibt so viele Dinge, die nicht durchdacht sind, zum Beispiel die Namensgebung bei Unwettern. Tief Doreen, Sturm Franz-Josef, Hurrikan Katrina. Ein Orkan ist etwas Gefährliches, die Menschen sollten zu Hause bleiben und die Kinder von den Straßen holen, da muss man auch einen Namen haben, der in die Richtung geht: Orkan Erdoğan oder Windhose Trump.

Nach vielen Jahren, in denen ich diese Vorhersagen aufmerksam verfolgt habe, stellt sich mir die Frage: Warum wird das nicht verboten? Warum sperrt man nicht alle Beteiligten ein? Diese Leute sagen selber: Alle Voraussagen, die über drei Tage hinausgehen, sind unseriös. Das soll von der Tatsache ablenken, dass die Voraussagen, die sich auf die ersten drei Tage beziehen, ebenfalls Unfug sind. Gelegentliche Übereinstimmungen mit dem tatsächlich eintretenden Wetter sind unvermeidlich, denn es gibt ja nun mal eine Fifty-fifty-Chance, dass die Sonne scheint oder nicht. Das Einzige, was diese Blender perfekt können, ist, Aussagen formulieren, die absolut nichts bedeuten: Nach Sonnenuntergang kommt es landesweit zu einer Verdunkelung, die bis in die frühen Morgenstunden anhält, gleichzeitig kühlt es sich ab. In der Mathematik sage ich doch auch nicht, zwei plus zwei ist wahrscheinlich vier, kann je nachdem aber auch vormittags zu drei tendieren, um abends in fünf überzugehen, vor allem in den höheren Berglagen.

Auch hier möchte ich wieder mit einem Witz schließen, der alles sagt.

Anruf beim Wetteramt: »Wollte nur sagen, habe gerade zwei Meter ihrer leichten Bewölkung aus meinem Keller gepumpt.«

Das Vorstellungsgespräch

Ein Stück für drei Personen: Alex Gülden, Personaler; Paul Lobegun, Chef einer Werbefirma; Jost V. Zierlich, Bewerber für den Posten des Kreativdirektors

Gülden: Herr Zierlich, ich sehe in Ihren Bewerbungsunterlagen, dass Sie zuvor noch nie in der Werbung gearbeitet haben …

Zierlich: Das halte ich für einen großen Vorteil, weil ich nicht in eingefahrenen Bahnen denke, sondern jederzeit für eine Überraschung gut sein werde.

Gülden: Na, dann überraschen Sie mich doch mal.

Zierlich: Schon geschehen, habe gerade gefurzt.

Gülden: Sie haben … ich rieche aber nichts!

Zierlich: Das ist ja die Überraschung, ich furze geräusch- und geruchlos.

Gülden: Das wird Sie sicher noch weit bringen, aber jetzt mal was anderes: Was bringt Sie auf die Idee, dass Sie diesen Job können?

Zierlich: Nennen Sie mir irgendein Produkt, und ich haue Ihnen sofort einen Slogan raus.

Gülden: Okay. Ein Stütz-BH.

Zierlich: Noch nie wurden falsche Tatsachen so perfekt vorgetäuscht. Und die Sache hat nicht mal einen Haken.

Gülden: Das ist ja die absolute Negativwerbung.

Zierlich: Ist es nicht. Es ist Werbung, die mit der Wahrheit arbeitet, das hat es noch nie gegeben, und sie ist auch noch witzig.

Gülden: In dem Punkt kommen wir wohl nicht zusammen. Andere Frage: Gibt es Dinge, die wir über Sie wissen sollten?

Zierlich: Sie sollten wissen, dass ich der richtige Mann bin, der Ihren verschnarchten Laden an die Spitze führen wird, wo er hingehört, und da ich weiß, dass Ihr Chef Tiervergleiche liebt: Ich kann arbeiten wie ein Pferd, saufen wie ein Kamel, kämpfen wie ein Löwe, und mein Vorbild ist die Wanderratte.

Gülden: Wieso das denn?

Zierlich: Die kann sich in sechs Stunden fünfhundertmal paaren.

Gülden: Ich frage mich, wann Sie dann noch arbeiten wollen, aber gut. Gibt es etwas in Ihrer Vita, das Sie bedauern?

Zierlich: Ich habe mal eine Geldbörse gefunden, es war viel Geld drin und eine Adresse. Ich bin hingefahren, sie gehörte einer Frau. Sie wollte mir die 10 Prozent Finderlohn geben, und ich sagte: »Ich nehme kein Geld von Frauen, nur Liebe.«

Gülden: Und warum bedauern Sie das?

Zierlich: Weil dann der Mann nach Hause kam und mich verprügeln wollte.

Gülden: Und das ist ihm gelungen, hoffe ich.

Zierlich: Nein, ich habe verschiedene Meisterschaften in verschiedenen Martial-Arts-Techniken gewonnen, es ging also für den Mann nicht gut aus. Daraufhin wollte seine Frau sich scheiden lassen und mich heiraten. Ich frage Sie: Wo kämen wir hin, wenn ich jede Frau, die sich in mich verliebt hat und deren Mann ich verprügeln musste, geheiratet hätte?

Gülden: Stellen Sie sich vor, Sie wären ein Küchengerät. Welches wären Sie?

Zierlich: Ein Zucchini-Spiralschneider. Es ist relativ neu und ermöglicht die Zubereitung von Nudelgerichten ohne Nudeln, sprich ohne Kalorien. Das macht jede Frau schwach.

Gülden: Denken Sie immer nur an Sex?

Zierlich: Jetzt gerade, wo ich Sie so anschaue, nicht.

Gülden: Ja, das reicht mir, ich gehe kurz nach nebenan, Herr Lobegun, unser Chef, hat das Gespräch mitgehört. Ich bin sicher, ich bin gleich wieder bei Ihnen.

Gülden: Herr Direktor, Sie haben es gehört, der Typ ist ein selbstgefälliges Arschloch, das sich oberschlau vorkommt.

Lobegun: Ja, schlauer als Sie auf alle Fälle.

Gülden: Sie wollen ihm wirklich den Job als Kreativdirektor geben?

Lobegun: Nein, natürlich nicht, ich gebe ihm Ihren Job.

Gewissensfragen

Seit Februar 2002 gibt es im Magazin der *Süddeutschen Zeitung* die Rubrik »Die Gewissensfrage«. Leser reichen moralische Fragen des Alltags ein, und jeden Freitag werden sie beantwortet. Jahrelang machte das Dr. Rainer Erlinger, sehr oft unter Berufung auf Kant und seinen kategorischen Imperativ: »Handle so, dass die Maxime deines Willens jederzeit zugleich als Prinzip einer allgemeinen Gesetzgebung gelten könne.«

Nun ist Kant, gerade was das Problem der Notlüge angeht, einem ethischen Dauerbrenner, ein ausgesprochener Hardliner, der sagt, dass ich auch einen Mörder, der hinter einem Freund her ist, der sich in meinem Haus versteckt hat, nicht anlügen darf. Das ist nicht wirklich alltagstauglich, vorsichtig ausgedrückt.

Aber schauen wir uns ein paar von diesen Fragen an und gucken, wie wir ohne Kant und Rainer Erlinger klarkommen:

Darf man einem Freund, der seine Frau betrügt, ein Alibi liefern?

Das lasse ich jetzt mal zwei Frauen, Karin und Urthe, und zwei Männer, Durs und Jochen, diskutieren.

U: Das kommt auf die näheren Umstände an.

J: Welche Umstände?

U: Wenn es mein Freund ist, der seine Frau mit mir betrügt, würde ich ihm natürlich ein Alibi verschaffen, denn ich möchte ja, dass er seine Frau weiterhin mit mir betrügt.

D: Du sprichst von Ehebruch in Tateinheit mit Lüge?

U: Ja.

K: Also sei mir nicht böse, Urthe, aber das finde ich jetzt schon etwas konstruiert. Ich denke, die Frage ist, ob ein Mann seinem Freund, der seine Frau betrügt, ein Alibi geben darf, also zum Beispiel bestätigen, dass er mit ihm in der Kneipe war, zu der Zeit, wo er in Wirklichkeit seine Ische geschrubbert hat.

J: Ja, sehe ich auch so, und ich würde auch sagen, er darf, wenn ein höherer Wert dahintersteckt.

D: Was denn für ein höherer Wert?

J: Zum Beispiel die Rettung der Ehe. Wenn du jetzt zu mir sagst: Gib mir ein Alibi, ich will meine Freundin ein letztes Mal besuchen, um mit ihr Schluss zu machen, weil ich diese Lüge nicht weiterleben und meine Frau nicht verlieren will, dann würde ich dir dieses Alibi ohne schlechtes Gewissen geben.

D: Sagt mal, was konstruiert ihr denn hier für Sonderfälle?

K: Entschuldige Durs, mir fällt gerade was anderes ein: Wie kriegt eine Frau raus, ob der Freund ihres Mannes ihm ein Alibi gibt?

Alle anderen: Keine Ahnung!

K: Sie ruft den Freund an und fragt: Warst du gestern mit Leo Billard spielen? Und wenn der Freund dann sagt: Ja, das stimmt, dann weiß sie, dass der Typ ihm ein Alibi geben will.

J: Wieso das denn?

K: Weil er den Abend zu Hause verbracht hat.

D: Also das find ich jetzt blöd. Lasst uns eine andere Frage nehmen!

U: Gute Idee! Hier habe ich was Schönes: Sollte man eine Tomatenpflanze nach der Ernte weiterpflegen, auch wenn man weiß, dass sie den Winter nicht überleben wird?

J: Na, das ist ja ’ne Knallerfrage, ich glaub, das ist zu aufregend für mich, ich habe meine Herztropfen nicht dabei.

K: Sei doch nicht so überheblich, Jochen, was ist denn so schlimm daran, wenn man glaubt, dass Pflanzen Gefühle und vielleicht sogar eine Seele haben?

J: Wenn ich das durchgehen lasse, darf ich bald gar nichts mehr essen, und ich will noch nicht sterben, zumindest nicht hungers. Aber hier ist doch was Interessantes: Das habe ich in den Tagebüchern von Helmut Krausser gefunden: Nekrophiler Totenwächter vergewaltigt Tote in Bukarest und erweckt sie dadurch wieder zum Leben. Das Mädchen hatte eine Überdosis Schlaftabletten und Alkohol geschluckt. Die Diagnose der Ärzte im Krankenhaus: Tod durch Herzstillstand, der Körper des Mädchens wurde bis zur Autopsie in einer Kühlzelle gelagert. Als der Vergewaltiger merkte, dass der Körper sich zu rühren begann, fiel er vor Schreck in Ohnmacht, was seine Festnahme erleichterte. Die Eltern des Mädchens plädierten dafür, ihn freizulassen, denn ihre Tochter verdanke ihm das Leben. Das ist doch mal interessant!

Die beiden Frauen: Geht’s noch?

D: Leichenschändung, oder Störung der Totenruhe, wie es offiziell heißt, ist strafbar. Unabhängig von den – in diesem Falle positiven – Folgen.

U: Was heißt denn überhaupt positive Folgen? Das Mädchen wollte sich doch wohl das Leben nehmen, was der Dödel verhindert hat, und dann noch auf eine Art und Weise, die ihr bestimmt nicht gefallen hätte.

J: Das weiß man nicht, vielleicht war das ein attraktiver junger Mann, der nur zu schüchtern ist, um sich an lebende Frauen ranzumachen, und Selbstmordversuche sind sehr oft nicht ernst gemeint und nur ein Schrei nach Liebe. Aber ich habe das

Gefühl, meine Damen, dass euch bei diesem Thema die nötige Distanz fehlt, also hier ein anderes Problem, was mit Tieren, da sind Mädels doch immer für zu haben: Darf man beim Gassigehen mit dem Handy telefonieren, oder sollte man seinem Hund stets die volle Aufmerksamkeit schenken?

D: Was für eine bescheuerte Frage: Der Hund macht doch auch sein Ding, einen Haufen, ein Kind erschrecken, einem Jogger nachjagen, eine Beißerei mit einem Rivalen oder ein Nümmerchen mit einer heißen Hündin. Bei all diesen Tätigkeiten interessiere ich als Hundehalter den Köter nicht die Bohne. Höchstens als Stöckchenwerfer. Aber jetzt lass uns mal diesen *SZ*-Katalog vergessen, hier kommt die Frage aller Fragen: Darf man einen Orgasmus vortäuschen?

U: Selbstverständlich. Immerhin macht man dem Partner doch eine Freude, wenn man ihm zeigt, dass der Sex schön ist.

J: Warum heißt es wohl vortäuschen? Weil man den Partner belügt. Er soll denken, der Sex war schön, also befriedigend, war er aber nicht. Ich werde also für dumm verkauft als Mann.

D: Genau. Ihr fakt den Orgasmus, damit die Sache ein Ende hat. Das ist würdelos.

K: Ach, es wäre euch also lieber, wenn die Frau sagt: Schluss jetzt, hör endlich auf, meine Titten zu ohrfeigen, das macht mich überhaupt nicht an …

J: Seid wann haben Titten Ohren?

K: Stell dich nicht dümmer, als du bist, du weißt genau, was ich meine, denn gerade du machst das besonders gern, ich habe mich nur nicht getraut, dir das zu sagen …

Ab diesem Moment lief das Gespräch aus dem Ruder und wurde im Interesse des häuslichen Friedens abgebrochen. Wir werden also nicht erfahren, wie unsere Paare folgende Erlinger-

Frage beantwortet hätten: Unsere Leserin wurde zum wiederholten Male von Rentnern auf Elektromobilen zur Seite gedrängt. Ist sie dazu verpflichtet, Platz zu machen? Ich würde sagen: Verpflichtet nicht, es wäre aber vernünftig, wenn sie nicht eine Verletzung riskieren will. Was ich aber für die Nachbehandlung des Rentners empfehle, ist ein Blasrohr, mit dem man kleine Pfeile verschießen und das man nach der Bestrafung rasch im Ärmel verschwinden lassen kann.

Ohne Befund

»Ja, Herr Zewenich, nehmen Sie Platz.«

»Herr Doktor, ich komme wegen meines Befundes …«

»Ich weiß, Herr Zewenich, ich weiß, möchten Sie auch einen Whisky?«

»Sie trinken während der Sprechstunde?«

»Normalerweise nicht, Herr Zewenich, aber heute mache ich mal eine Ausnahme, auch eine Zigarette?«

»Sie rauchen? Das ist doch so ungesund!«

»Wissen Sie, gesund ist ein nicht sehr scharf umrissener Begriff, nehmen Sie Helmut Schmidt, Kettenraucher, ist 97, aber angeblich dauernd ohnmächtig geworden in seinem Dienstzimmer, also was heißt schon gesund …«

»Apropos, Herr Doktor, was ist jetzt mit meinen Befunden …«

»Berta? Haben wir noch Patienten im Wartezimmer? Was? Drei? Schicken Sie die nach Hause, bitte, das wird hier ein längeres Gespräch.«

»Herr Doktor …«

»Herr Zewenich, erst mal Prost, so jung kommen wir nie mehr zusammen, wenn überhaupt … Ah, so eine Zigarette ist schon etwas Wunderbares, Mario Basler hat geraucht, Boniek hat während des Spieles geraucht, gerade Torhüter sind da sehr gefährdet, die kriegen ja manchmal das ganze Spiel über keinen Schuss aufs Tor, da wird einem schnell mal langweilig, sähe natürlich blöd aus, wenn der Neuer bei so 'nem Pokalspiel, ich sag mal gegen einen Viertligisten, anfängt zu rauchen, da würden die Fans denken, schöne Berufsauffassung ist das, verdient zwölf Millionen im Jahr oder so und raucht uns hier was vor, aber ich schweife ab, ist Ihre Familie eigentlich gut abgesichert?«

»Wie, ich verstehe nicht, was meinen Sie …?«

»Nur so interessehalber, angenommen, es gäbe Sie plötzlich nicht mehr, wären Ihre Frau und Ihre Kinder da gut versorgt?«

»Herr Doktor, ich habe keine Frau und keine Kinder, ich lebe mit meinem Partner Wolfgang in einer eingetragenen Lebenspartnerschaft, heiraten wollen wir eigentlich nicht …«

»Sehr gute Entscheidung, ich habe das sowieso nicht verstanden, warum so viele schwule Männer heiraten wollen, nachdem bei den Heteros fast jede zweite Ehe geschieden wird, ich selber bin ja auch zweimal betroffen, also einmal geschieden und einmal verwitwet, reich verwitwet, wenn Sie mir den Scherz gestatten, apropos: Heißt das bei euch dann auch Witwer?«

»Wie jetzt?«

»Na, wenn in der eingetragenen Lebensgemeinschaft oder Partnerschaft der eine stirbt, wäre Ihr Wolfgang dann ein Witwer, oder heißt das dann anders, eingetragener Zurückgebliebener oder so?«

»Herr Doktor, darüber habe ich mir wirklich noch keine Gedanken gemacht!«

»Sollten Sie aber, lieber Herr Zewenich, das kann so schnell gehen, ich habe da Sachen erlebt, ich hatte einen Patienten, kerngesund, alle Werte top, der geht über die Straße, ein besoffener Autofahrer fährt bei Rot, zack, das war's. Apropos: Möchten Sie noch einen Whisky?«

»Nein, vielen Dank, Herr Doktor, ich würde jetzt wirklich gern meine Befunde hören …«

»Herr Zewenich, halten Sie mich für einen guten Arzt, oder besser gefragt, vertrauen Sie mir?«

»Ja und nein …«

»Hahaha, der war gut, der war richtig gut, den muss ich mir merken, Sie sind ja ein richtiger Witzbold, und das ist so wichtig, Humor kann über so vieles hinweghelfen, er kann nicht heilen, aber er kann Krankheit erträglicher machen und selbst den Tod …«

»Herr Doktor, ich beginne, mir jetzt Gedanken zu machen.«

»Herr Zewenich, lassen Sie mich etwas Persönliches sagen: Ich mag Sie! Ich mag Sie mehr als die meisten meiner Patienten, nicht so, wie Sie Ihren Hermann lieben – «

»Wolfgang.«

»Bitte? Was hab ich gesagt?«

»Hermann.«

»Auch schön, was wollte ich sagen, ach so, wollen Sie noch einen Whisky, also ich mag Sie sehr, und ich habe lange überlegt, wie ich Ihnen das sagen soll, denn es kommt ja nicht jeden Tag vor, wie viele gute Freunde haben Sie, mal ehrlich?«

»Weiß ich nicht, vier, fünf vielleicht …«

»Toll. Ich habe keinen, das ist ganz schön scheiße …«

»Herr Doktor, ich würde jetzt wirklich gerne wissen, was mit meinen Befunden ist!«

»Jetzt hören Sie doch mal mit Ihren Befunden auf und lassen Sie uns einen Moment lang über mich reden. Ich weiß nicht, wen ich sonst fragen soll: Also, ich wollte Sie fragen, ob wir zwei jetzt mal richtig einen draufmachen gehen, ich habe nämlich heute Geburtstag!«

Heiliges Geschnetzeltes

Das Interesse an sehr jungen Sexualpartnern beiderlei Geschlechts ist, wie man oft liest, groß und geht quer durch alle Berufsschichten, Fußballer, Schiedsrichter, Filmregisseure, Produzenten, Dirigenten, Trainer in Sportvereinen, Lehrer, Priester, Bischöfe, Kardinäle, Taliban, und wenn ich das lese, frage ich mich, warum mir nie jemand Avancen gemacht hat? War ich als Kind so unattraktiv? Bin ich es vielleicht noch? Der Mensch neigt dazu, Kommentare zum Weltgeschehen auf sich zu beziehen. Man liest einen Artikel mit der Überschrift »Jeder Zweite ist übergewichtig« und sagt: »Guck mal, Schatz, ich stehe in der Zeitung.«

Nun lebe ich als Komiker natürlich zu einem hohen Prozentsatz von zufälligen Entdeckungen. Beispiel: Ich gerate auf einer Lesetour ins Fremdenverkehrsamt von Bad Lobenstein und entdecke dort einen Prospekt: »Josefine, 8. Bad Lobensteiner Moorprinzessin.«

Und sofort fängt es an zu rattern: Wie wird man Moorprinzessin? Muss man verschiedene Moore am Geschmack erkennen können, wie beim Wein? Oder steckt man zwanzig unbescholtene und unbekleidete Jungfrauen ins Moor, und die als Letzte den Kopf noch draußen hat, wird Königin.

Ich glaube, diesen kreativen Automatismus könnte man in der Schule einsetzen, zum Beispiel im Geschichtsunterricht: Der Lehrer sammelt Historienhäppchen und trägt sie vor. Die Schüler kommentieren reihum und stimmen anschließend über den besten Kommentar ab. Beispiel: Im sechsten Kreuzzug, der gegen die Mamelucken, bekommt Templer-Großmeister Guillaume de Sonnac einen Pfeil durchs Auge ins Hirn. Trotzdem reitet er ins nächste Gefecht, wo er auch einen Pfeil ins andere Auge bekommt. Möglicher Schülerkommentar: »Geile Schützen, diese Mamelucken, die würden im Robinson Club alle Bogenschießwettbewerbe abräumen.« Oder: »Schwer zu sagen, ob Herr Sonnac tollkühn war oder der erste Pfeil irgendwas im Hirn beschädigt hat, sodass er nicht mehr wusste, was geschossen wurde.«

Anderes Beispiel: In der Blütezeit der Maya von 250 bis 900 nach Christus regierten Gottkönige. Sie opferten ihr eigenes Blut, indem sie Zunge oder Penis durchstießen. Wie würden Sie entscheiden, wenn Sie sich mal an die Stelle des Gottkönigs versetzten? Mein Vorschlag: Die Frage ist, was ist unangenehmer? Ich denke, ich werde bei beiden Eingriffen ohnmächtig, also egal, der Heilungsprozess wird in beiden Fällen gleich schmerzhaft sein, aber ich entscheide mich doch für die Zunge. Da kann ich ein paar Wochen nicht gut essen und nehme ab. Und dann sehe ich so geil aus, dass ich froh bin, wenn der Penis funktionsfähig ist.

Und schließlich: 2003 erschien das Lexikon der kuriosesten Reliquien. Da heißt es unter anderem: In Europa behaupten dreizehn Diözesen, die Vorhaut Jesu aufzubewahren. Wie soll das gehen? In der alten Kirche war es Praxis, Reliquien zu vermehren, entweder durch Berührung mit anderen ähnlichen Objekten oder durch Teilung.

Es gab zum Beispiel so viele angebliche Teile vom Kreuz Jesu, dass schon im sechzehnten Jahrhundert der Gelehrte Erasmus von Rotterdam stichelte, aus den diversen Splittern des Kreuzes könne man leicht ein ganzes Schiff bauen. Wenn man jetzt beim *praeputium domini*, der Vorhaut des Herrn, an Vermehrung durch Berührung mit etwas ähnlich Aussehendem denkt, hat man gleich die Szene mit dem gekochten Schinken in dem wunderbaren Film *Monsieur Claude und seine Töchter* vor Augen. Im Falle der Vermehrung durch Teilung wäre mein Schülerwunschkommentar: »Tim Mälzer würde sagen: Heiliges Geschnetzeltes.«

Sollte ein Schulbuchverlag diese Anregung aufgreifen wollen: Ich verzichte zugunsten der guten Sache auf mein Honorar.

Von Pfarrern und Vögeln

Sicher haben Sie schon oft beim Lesen eines tollen Buches gedacht: »Was ist dieser Autor nur für ein Teufelskerl! Wo holt der Mann diese Ideen her, so was könnte ich nie!«

Natürlich nicht. Sie könnten auch den Mount Everest nicht im Stringtanga besteigen. Sie haben andere Qualitäten. Vielleicht. Aber heute möchte ich Sie einmal an den Überlegungen eines erfolgreichen Schriftstellers teilhaben lassen, Sie mitnehmen auf die abenteuerliche Reise vom Beginn einer Geschichte bis an ihr Ende.

Ich wähle dazu das Bild einer Seefahrt. Manchmal steuere ich das Boot mit ruhiger Hand zwischen Klippen, Untiefen und Unterströmungen hindurch, manchmal bleibe ich hängen, dann wieder droht das Boot in schwerer See zu kentern, und ich rette, an die kieloben treibende Nussschale geklammert, mal gerade das nackte Leben.

Hier ist die Ausgangsidee: Ein Pfarrer ist verstorben, der einen Papagei gehabt hat. Eine Dame, nennen wir sie Ruth, ersteigert ihn. Den Papagei samt Käfig. Nun hat der Pfarrer ihn im Schlafzimmer gehabt, und der Papagei sagt lauter versaute Sachen und macht auch Stimmen nach, Frauenstimmen – und es ist eine kleine Stadt. Die neue Besitzerin erkennt die Stimmen, alle.

Mal sehen, was geht: Man könnte dem neuen Pfarrer eine Freude machen und ihn mit der Liste der Damen, die es mit dem verstorbenen Pfarrer getrieben haben, beglücken, woraufhin er, also der Neue, es noch doller treibt. Man könnte die neue Besitzerin aber auch zur Erpresserin werden lassen, aber dazu ist das Beweismaterial wohl doch zu dünn.

Nein, wir verlagern das Ganze ins Reich der außersinnlichen Wahrnehmung, etwa so: Bei den wöchentlichen Kirchenchorproben streut die Protagonistin, also Ruth, das Gerücht, sie empfange Botschaften des verstorbenen Pfarrers. Das weckt natürlich gemischte Gefühle bei den Damen, die dem Verblichenen nähergestanden oder besser gelegen haben. Angst, Neugier, die ganze Palette.

Was wird unser Autor, also ich, jetzt daraus machen? Nun, Ruth ist eine gute, aber auch eine gekränkte Seele. Denn sie hat der verstorbene Pfarrer nie auserwählt, obwohl sie sich weiß Gott attraktiver findet als das Gros der Damen, denen er beiwohnte. Und für diese Bevorzugung haben die Damen eine kleine Bestrafung verdient, findet Ruth. Zunächst einmal macht sie mit ihrem Handy Sprachaufnahmen von ihrem Kronzeugen, dem Papagei, dessen Name übrigens Dornbusch ist, natürlich benannt nach dem sprechenden Dornbusch aus dem Alten Testament, oder besser dem Dornbusch, aus dem Gott zu Moses sprach.

Dornbusch beherrscht etliche Dialoge, die inhaltlich fast identisch sind.

Pfarrer Siegfried sagt: »Ah, Wahnsinn, so wie du macht's mir keine!« Frauenstimme: »Ist das wirklich wahr, Siegfried?«

»Aber ja, ein Pfarrer darf doch nicht lügen!«

Und dann sagt der Papagei in seiner normalen Papageienstimme: »Aber auch nicht vögeln!«

Der Unterschied zwischen den Dialogen sind die Frauenstimmen.

Zwölf verschiedene. Ruth braucht viele Tage, um alle zwölf

aufs Handy zu kriegen, denn Dornbusch liefert höchstens drei am Tag und manchmal tagelang dieselben.

O.k. Jetzt verfallen wir wieder ins Präteritum, das Erzähltempus. Als sie alle Versionen beisammenhatte, lud sie die zwölf Damen zum Kaffeekränzchen ein mit dem Zusatz, sie würden bei dieser Gelegenheit ein Geheimnis erfahren. Nach dem Kuchen, dem Vanilleeis mit Eierlikör und etlichen Gläsern Sekt sagte eine der Damen: »Nun, liebe Ruth, jetzt sind wir aber gespannt auf das Geheimnis!«

»Das glaube ich, und ihr sollt es, so Gott will, gleich erfahren.«

Sie schaltete ihr Handy ein, wollte die Aufnahmen abspielen und musste feststellen, sie hatte sie, wie auch immer, gelöscht.

»Na gut«, dachte sie, »dann machen wir das Ganze eben live!«

Sie holte den Vogelbauer herein und schüttete Dornbusch ein paar Kürbiskerne in sein Futterschälchen.

Wenige Sekunden später hörten die Damen die Stimme ihres geliebten, verstorbenen Pfarrers: »Ah, Wahnsinn, so wie du macht's mir keiner!«

»Ist das wirklich wahr, Siegfried?«

Es war die Stimme des Bischofs.

Der Rest des Dialogs ist bekannt, die Damen verabschiedeten sich zügig.

Was höre ich da? Eine billige, allzu naheliegende Pointe, auf die Sie auch gekommen wären? Sie sind ja ein toller Hecht. Dann kaufen Sie sich doch einen Stringtanga und Bergsteigerschuhe und zeigen, was Sie können!

Heiß und flüssig

Technischer Fortschritt ist ein unerschöpfliches Thema. Endlos kann ich über die gestörten Softwareentwickler reden, die ich allesamt einsperren würde, weil sie, kaum dass man sich ein Betriebssystem halbwegs draufgeschafft hat, ein Update vornehmen, bei dem kein Stein auf dem anderen bleibt.

Letztens nahm ich einen alten Computer wieder in Betrieb, mit Windows 7 Starter. Ein Wunderwerk an Logik und Benutzerfreundlichkeit.

Aber Programmierer sind nur eine Gruppe, die einem das Leben unnötig schwer machen, eine weitere sind Designer von Badezimmerarmaturen. Schon häufig habe ich mir im Hotel jemanden kommen lassen, der mir erklären musste, welcher Knopf Wasser fließen lässt, welcher die Temperatur regelt, wie man zwischen Überkopfdusche und Handbrause wechselt. Ich könnte jetzt noch über die ständig wechselnden Türschließtechnologien sprechen. Früher hatte man einen Schlüssel mit einem Messinganhänger mit der Zimmernummer drauf.

Dann wechselte es zu Karten, die man irgendwo reinstecken, durchziehen oder dranhalten muss, oft genug unter gleichzeitigem Drücken oder Ziehen des Türknopfes. Angeblich bin ich mal schlafen gegangen zu vorgerückter Stunde in einem Hotel, angetrunken, kam zurück und sagte zum Mann an der Rezeption: Jemand hat mein Schlüsselloch geklaut.

Aber früher war auch nicht alles besser, es gab nur andere Probleme.

Der Mensch ist sehr starker Gefühle fähig, Liebe, Hass, Sodbrennen. Zu den interessantesten Phänomenen im emotionalen Bereich zählt sicherlich die Wahrnehmung extremer Temperaturen.

Wenn Sie gerne chinesisch essen gehen, dann wissen Sie, in den meisten Chinarestaurants ist es üblich, lange bevor die Schüsseln mit dem Essen kommen, hocherhitzte Teller vor den erwartungsfrohen Gast zu stellen. Und obwohl der Kellner immer sagt: »Volsicht, is heis«, nützt das nichts. Denn der Vorgang löst einen bedingten Reflex aus. Man muss unbedingt selber noch mal hinlangen und das Ding zurechtrücken. Wenn das Essen dann kommt, ist der Teller längst wieder kalt, aber die Brandblasen erinnern uns noch wochenlang an den schönen Abend.

Besonders eindrucksvoll ist natürlich große Hitze im Mund.

Besonders tückisch sind dabei Teigwaren, die einen mehr oder weniger flüssigen Kern umhüllen, denken Sie in der Pizzeria an die Calzone, diese Faltpizza. Gebackener Camembert kann auch schön sein, oder bei McDonald's die heiße Kirschtasche. Das Schlimme ist, die äußere Hülle kühlt relativ rasch ab und täuscht so die prüfenden Lippen. Die signalisieren jetzt dem Stammhirn: »Okay! Fertigmachen zum Zubeißen!«

Happ! Seufz.

Und jetzt ergießt sich die etwa sechshundert Grad heiße Füllung in unsere mit circa vier Millionen Nervenzellen ausgekleidete Mundhöhle. Von diesem Moment an wirkt der Mensch nicht mehr sonderlich souverän.

Denn anstatt dem Filialleiter die Kacke aufs Hemd zu spucken, geht der Körper nach vorn in eine halbe Rumpfbeuge, der Mund öffnet sich in der trügerischen Hoffnung auf die Schwerkraft, die Arme machen etwas zwischen Dirigent und

Windrad, der Rachen produziert den Soundtrack zu Godzilla IX, die Augen treten etwa einen Meter aus ihren Höhlen hervor und suchen den Raum nach Kühlflüssigkeit ab, wir entdecken ein Kind mit einer großen Cola, entreißen ihm den Becher, wobei der Strohhalm in seinem Mund zurückbleibt, während es weinend wegläuft. Bei dem Versuch, den Scheißdeckel abzukriegen, zerdrücken wir das ganze Ding und setzen eine ältere Mitbürgerin komplett unter Wasser beziehungsweise Cola, woraufhin sie mit ihrer Gehhilfe auf uns einschlägt, denn wir machen ja immer noch keinen besonders vertrauenerweckenden Eindruck.

So viel zur heißen Kirschtasche von McDonald's.

Lassen Sie mich noch ein viele Jahre zurückliegendes Erlebnis erzählen, das ich anlässlich meiner ersten Frankreichreise hatte.

Ich sprach damals kein Wort Französisch, nahm nach einer langen Autofahrt in der Nähe von Lyon ein Zimmer in einem kleinen, sehr alten Hotel. Ich stand in der kleinen, sehr alten Duschkabine, blickte wohlgefällig an meinem Körper hinunter, damals konnte ich das noch, und es gab keine Handbrause, sondern nur eine fest installierte Überkopfdusche und zwei Hähne, auf einem stand C und auf dem anderen F.

Heute weiß ich: F ist froid, kalt, und C ist chaud, warm. Damals kratzte ich mich am Kopf und dachte: C, das wird Englisch sein, cold, ja, und F, Gott, da hat der Franzose sich verschrieben, farm. Ich drehe also »farm« auf und stehe unter einem Schwall eiskalter brauner Brühe, wie sie schon mal aus alten Leitungen kommt, die lange nicht benutzt wurden. Eiskalte braune Brühe.

Und auf der Stelle zog sich Louis-quatorze, mein Potentat, gekränkt in sein Jagdschlösschen zurück, ich sah ihm lange nach, und es schien, als luge er vorwurfsvoll zu mir empor, so, als wolle er sagen: Ey, bist du bekloppt, ey?

Ich mischte uns beiden also vorsichtig aus F und C eine angenehme Temperatur zusammen und fühlte mich wie Gott in Frankreich. Plötzlich höre ich von nebenan das Geräusch einer Klospülung. Was ich nicht wusste, war, dass dieser Vorgang in dieser alten französischen Rohrleitung meiner Wohlfühlwassermischung binnen Nanosekunden den kompletten Kaltwasseranteil entziehen würde, sodass ich unter brauner Lava stand.

Was ich weiterhin nicht wusste, war, dass französische Klospülungen zumindest damals etwa fünfundzwanzig Minuten lang arbeiteten, und ich wusste ebenfalls nicht, dass meine Duschkabinentür, die von außen nur klemmte, sich von innen gar nicht öffnen ließ, ich wusste nur, du hast nur eine Hand, um diese beiden Hähne zu schließen, denn mit der anderen Hand musste ich, so gut es eben ging, Louis-quatorze schützen. Denn das wusste ich: Wenn ich ihn verbrühen würde, dann hätte ich ein Problem, denn ich würde in diesem fremden Land, dessen Sprache ich nicht beherrschte, niemanden zum Pusten überreden können.

Der Zeittalker

»Entschuldigung?«

»Ja, bitte?«

»Erwarten Sie jemanden?«

»Was geht Sie das an?«

»Wenn nicht, würde ich mich Ihnen als Gesprächspartner zur Verfügung stellen, ich berechne fünf Euro pro angefangene Viertelstunde.«

»Sind wir hier bei Danni Lowinski, oder was?«

»Diese Serie hat mich in der Tat auf die Geschäftsidee gebracht, aber ich bin kein Jurist, sondern Philosoph.«

»Das interessiert mich überhaupt nicht, hat doch nichts mit dem normalen Leben zu tun.«

»Dieses Vorurteil würde ich gerne versuchen zu korrigieren, hier ist der Deal: Wir reden fünfzehn Minuten, dann können Sie sagen: Kein Interesse, und ich gehe, wenn es Ihnen gefällt, machen wir so lange weiter, wie Sie mögen, dann zahlen Sie aber.«

»Na, von mir aus, Sie Spinner, das ist zumindest mal 'ne originelle Anmache. Welchen Philosophen wollen Sie mir denn schmackhaft machen?«

»Gar keinen, mir geht es nur um eine interessante Diskussion über originelle Fragen, wie: Wenn man sich vornimmt, den ganzen Tag nichts zu erreichen, und das auch schafft, hat man dann was erreicht oder nicht?«

»Ja und nein.«

»Sehr gut, Sie haben Talent fürs Philosophieren, gehen wir mal einen Schritt weiter: Hier ist ein ethisches Dilemma.«

»Aha.«

»Die Statistik sagt eindeutig, dass arrangierte Ehen, also Zwangsehen, wenn man so will, wie sie in vielen Kulturen üblich sind, besser halten als solche, in denen sich die Partner in freier Wildbahn gefunden haben. Die Zufriedenheitskurve ist genau gegenläufig: In der freiwilligen Beziehung ist man anfangs glücklicher und wird später immer unzufriedener, in der Zwangsehe ist es umgekehrt.«

»Ja und?«

»Spricht das nicht für die Zwangsehe?«

»Ich bin zweiunddreißig, meine Eltern sind geschieden, ich habe zu beiden keinen Kontakt, wer sollte also ein Interesse an einer Zwangsverheiratung haben?«

»Gut, nehmen wir ein anderes Thema: Würden Sie Ihren Körper verkaufen?« »Sie meinen, ob ich zum Beispiel eine Niere gegen Geld spenden würde?«

»Nein, die Frage war, ob Sie die Nutzung Ihrer Geschlechtsteile gegen Geld zulassen würden.«

»Selbstverständlich, wenn es sich rechnet!«

»Oh, aha, nun …«

»Was ist los, verblüfft? Sehr viele Frauen tun das. Nämlich alle, die wie ich einen Typen mit viel Kohle heiraten, nie mehr arbeiten müssen, außer dass sie den Ollen ab und zu mal ranlassen. Im einen Fall wechseln die Partner, im anderen nicht.«

»Und welche Version ist Ihnen sympathischer?«

»Weniger langweilig ist auf Dauer die mit wechselnden Partnern, allerdings muss man die Kraft haben, auf gesellschaftliche Anerkennung verzichten zu können.«

»Wohl wahr, aber noch mal nachgefragt: Sie wären also bereit, mit mir intim zu werden, wenn das Geld stimmt.«

»Ja, aber ich würde an Ihrer Stelle nicht weiter darüber nachdenken, wer für zwanzig Öcken die Stunde sein Hirn vermietet, fällt bei mir mit Sicherheit durch den Rost.«

»Ja, das mag wohl sein, aber ich denke sowieso, dass Sex heutzutage allgemein überschätzt wird. Der brasilianische Onkologe Drauzio Varella, Nobelpreisträger für Medizin, hat einmal gesagt: ›In der heutigen Welt wird fünfmal mehr in Medikamente für die männliche Potenz und Silikon für Frauen investiert als für die Heilung von Alzheimer-Patienten. Daraus folgernd haben wir in ein paar Jahren alte Frauen mit großen Titten und alte Männer mit hartem Penis, aber keiner von denen kann sich erinnern, wozu das gut ist‹.«

»Das ist hübsch, betrifft uns aber nicht, weil es Ihr konkretes Problem in die Zukunft verlagert.«

»Welches Problem?«

»Sie sind scharf auf mich und haben keine Kohle.«

»Wissen Sie, jedes Schlechte hat sein Gutes, man muss versuchen, jeder Situation etwas abzugewinnen, ich habe zum Beispiel mal Golf gespielt. Ich hatte ein schlechtes Ergebnis, habe aber aus Versehen einen anderen Golfer am Kopf getroffen, das war auch lustig.«

»Und wie wollen Sie die Tatsache kompensieren, dass Sie mich nicht in die Kiste kriegen?«

»Ganz einfach, ich stelle mir vor, dass Sie ganz miserabel im Bett sind, stocksteif daliegen, keinen Mucks von sich geben …«

»Das ist doch lächerlich, ich bin eine Granate im Bett, ich vögele jeden schwindelig und schreie rum, wie auf der Achterbahn!«

»Das ist ja furchtbar, wer will das denn? Ich werde ab jetzt jedes Mal, wenn ich Sex habe, an Achterbahnfahren denken müssen.«

»Und ist das schlimm?«

»Ja, natürlich, weil ich auf der Achterbahn immer kotzen muss, und das wird dann beim Sex genauso sein.«

»Hey, Paul«, sagte in diesem Moment ein Mann, der gerade die Kneipe betreten hatte, »so ein Zufall, gibst du gerade wieder eine Philosophiestunde? Hier sind übrigens die fünfhundert Euro, die du mir geliehen hast, danke noch mal, tschüs!«

»So, da haben Sie plötzlich fünfhundert Euro, das ist ja eine völlig neue Situation.«

»Finden Sie?«

»Ja, mein Körper ist damit für Sie in greifbare Nähe gerückt.«

»Hübsches Bild, aber wenn ich bedenke, dass ich Ihnen gerade für fünf Euro eine nette Viertelstunde bereitet habe und Sie mir für dasselbe auf körperlicher Basis das Hundertfache berechnen wollen, möchte ich doch dankend ablehnen, vom Achterbahneffekt mal ganz abgesehen.«

»Ja, aber …«

»Im Übrigen bricht gerade die zweite Viertelstunde an, und laut Vereinbarung schulden Sie mir dann zehn Euro.«

Widerwillig reichte die Dame ihm einen Zehner, was sie in Kenntnis des wahren Gesprächsgrundes wohl nicht getan hätte. Der Zeitphilosoph war Privatdetektiv und hatte im Auftrag ihres Mannes den Dialog geführt und mitgeschnitten.

Die 5-Euro-Sängerin

Bernds Stimme erinnerte ein bisschen an die von Andreas Kümmert, den Mann, der mit Bravour die Grand-Prix-Vorauswahl gewonnen hatte und dann verzichtete. Auch Bernd trat in kleinen Kneipen und Clubs auf, kleidete sich ähnlich prollig wie Andreas, hatte aber viel Geld. Er hatte ein Näschen für Start-up-Unternehmen, in die es sich zu investieren lohnte, außerdem gehörte ihm noch eine Firma, die irgendwelche Computer-Kleinteile herstellte, die er in die ganze Welt exportierte, all das ermöglichte es ihm, sich intensiv mit Musik, Malerei und Literatur zu beschäftigen. Er malte passable Aquarelle, schrieb annehmbare Gedichte und Kurzgeschichten, spielte ordentlich Gitarre und sang toll.

»Wo ist der Haken?«, fragen Sie. Bernd war noch Jungfrau. *Virgo intacta.* Unberührt. Es hatte sich nicht ergeben. Er war fromm und behütet aufgewachsen, bis zum dreizehnten Lebensjahr litt er unter Erröten, war extrem schüchtern, zwar allgemein beliebt wegen seines angenehmen Wesens, aber mit den Mädels ging gar nichts. Heute würde man sagen, er wurde immer nur »gefriendzoned«. In der Tanzstunde lud er das Mauerblümchen zum Mittelball ein, mit dem Ergebnis, dass er den ganzen Abend am Tisch ihrer Eltern verbrachte, während seine Klassenkameraden es krachen ließen. Erst kurz nach dem Abitur brachte er es übers Herz, Schluss zu machen, indem er eine schwere Erkrankung vorschützte. Nach dem Studium in München, London und Boston zog er nach Berlin.

Und jetzt saß er wieder auf der Bühne einer kleinen Kneipe mit dem witzigen Namen Klara Oke, hatte »Unchain My Heart« gesungen, »Three Times a Lady« und »It Hurts Me« von Elvis. Viele Mädels hatten schon einen glasigen Blick, und nun kam der Höhepunkt seiner Show: »Hey Leute, ich find es toll, für euch zu spielen, aber eigentlich fehlt mir was. Eine Frau. Eine Frau, die die zweite Stimme singt, oder die erste Stimme, und ich singe die zweite. Ich habe Zettel auf jeden Tisch gelegt mit einer Liste von Songs, die sich zweistimmig toll anhören, die Texte habe ich natürlich auch auf diesem Notenständer vor dem zweiten Mikro und dem noch leeren Barhocker. Und jetzt kommt's: Ich zahle für jeden Song fünf Euro. Wenn eine also zehn Songs mitsingt, hat sie fünfzig Euro in dreißig Minuten verdient, in denen sie sowieso hier gewesen wäre, Getränke sind natürlich frei. Klingt doch gut, oder? Wer ist die erste Voice of Germany heute Abend?«

»Ich!«, schrie eine leicht adipöse Mittvierzigerin. Ihr getigertes Stretch-Top war zu eng, in der Jugendsprache heißt so was »Schnürschinken«, ebenso die Leggins, und angeschickert war sie auch.

»No risk, no fun«, dachte Bernd und begrüßte sie herzlich. Beim Versuch, sich auf den Barhocker zu setzen, rutschte sie ab und schüttete dabei ihr Bier über einen bebrillten Glatzkopf ganz vorn an der Bühne.

»Was möchtest du denn singen?«, fragte Bernd sanft.

»Erst mal die Kohle, Schätzelein, dat machen wir im Puff auch so, und ich bin die Nathalie!«

»Natürlich«, sagte Bernd und reichte ihr einen Fünfeuroschein.

»Und was wollen wir singen?«

»›Atemlos‹ von Helene Fischer natürlich«, keuchte Nathalie.

»Sorry, du, das habe ich nicht auf dem Zettel, kannst du vielleicht noch was anderes singen?«

»Nein, will ich auch nicht, danke für den Schein«, sagte Nathalie und rutschte vom Hocker.

»Das ist aber eigentlich nicht okay. Du hast nicht gesungen, also steht dir das Geld auch nicht zu.«

Das Publikum spürte, dass hier möglicherweise eine Überraschung in der Luft lag, und wurde still.

»Warst du schon mal im Puff?«, fragte Nathalie.

»Natürlich … nicht!«

»Ob das so natürlich ist, lassen wir jetzt mal unkommentiert, aber wenn du im Puff keinen hochkriegst, gibt's auch kein Geld zurück. Und so ist das hier auch: Du kannst ›Atemlos‹ nicht singen, ich schon, also *muchas gracias*. Aber ich bin ja kein Unmensch, was hältst du davon: Ich gebe dir auf der Bühne einen Handjob, und währenddessen singst du alleine ›Atemlos‹.«

Das Publikum wurde plötzlich wach, witterte eine Sensation, etliche Handys wurden in Bereitschaft versetzt. Bevor Bernd aber antworten konnte, was ihm auch sichtlich schwergefallen wäre, hörte man eine Stimme rufen: »Ich sing ›Atemlos‹ mit dir!«

Alle Köpfe fuhren herum in Richtung Sprecherin. Dann ein kollektiver Aufschrei: Da stand wirklich und wahrhaftig Helene Fischer, lächelte, wie nur sie lächeln kann, kam nach vorn und setzte sich auf den Hocker neben Bernd.

Und jetzt sind die beiden Fragen: Was ist wahrscheinlicher? Dass Helene Fischer in einer Kneipe auftaucht und mit einem unbekannten Barden singt?

Oder dass der Barde von einer angetrunkenen Puffmutter auf der Bühne einen gerubbelt bekommt?

Und vor allem: Was würde das Publikum besser finden?

Improvisation

Das Wort Improvisation taucht erst im späten achtzehnten Jahrhundert im romanischen Sprachraum auf und leitet sich vom lateinischen *providere*, vorhersehen, plus das verneinende Präfix »im« ab. Es ist also etwas nicht Vorhersehbares. Das unterscheidet die Improvisation von der Zubereitung eines traditionellen Gerichts wie Erbseneintopf oder einer Darmspiegelung.

Von den beiden Letztgenannten existieren mehr oder weniger konkrete Vorstellungen, man könnte darüber reden, ohne sie erlebt zu haben, einer Improvisation muss man als Zuschauer beigewohnt oder sie als Schauspieler, Komiker, Elektriker, was auch immer selbst bewerkstelligt haben. Der Komiker muss dann improvisieren, wenn etwas Unerwartetes in seiner Bühnenshow geschieht, zum Beispiel ein Zwischenruf. Ich mache ein Beispiel: Sie reden über das Raum-Zeit-Kontinuum und wollen gerade zur heteropaternalen Superfekundation überleiten, da ruft eine Frau: »Ich will ein Kind von dir!«

Was jetzt passiert, ist Folgendes: Adrenalin flutet mein Gehirn, das bis jetzt darauf fokussiert war, vorgefertigten Text abzusondern. Ich weiß, das Publikum erwartet eine schlagfertige Antwort. Je witziger, desto größer die Anerkennung. Das ist natürlich jetzt, wo ich Zeit habe, mir etwas auszudenken, nicht mehr improvisiert, beziehungsweise ich muss mir gar nichts ausdenken, ich muss nur versuchen, mich zu erinnern, was ich früher, vor vielen Jahren, als Frauen das regelmäßig riefen, geantwortet habe. Ich wechselte immer zwischen: »Wenn Sie noch bis zur Pause warten können, bin ich dabei« und »Sie wollen wirklich ein Kind, das möglicherweise aussieht wie ich, also Bart, Brille, Bauch, Hawaiihemd, und dann ist es womöglich auch noch ein Mädchen?«

Oder: »Gern, allerdings besteht meine Frau darauf mitzumachen, ist das okay für Sie?«

So könnte ich noch stundenlang weitermachen, aber wozu? Es ruft ja sowieso keine. Zumindest nicht: »Ich will ein Kind von dir!« Was man aber von älteren Damen häufiger hört, ist: »Lauter!« Da sage ich dann immer: »An Ihrem Hörgerät ist ein Rädchen, Volume, da drehen Sie mal dran.«

Man kann sagen, dass schlagfertige Antworten meine Lieblingswitz-Kategorie sind. Kurz, wirkmächtig und oft sehr schräg. Hier eine kleine zufällige Auswahl:

Mögen Sie guten Kaffee? Oh, sehr, sehr gerne! Dann werden Sie diesen hassen.

Möchten Sie etwas trinken, ich habe noch Saft. Wie schön für Sie.

Haben Sie in die Hose gemacht? Ja, warum? Und wieso gehen Sie nicht? Ich bin noch nicht fertig.

Verzeihung, verstehen Sie Englisch? – Ja, aber nur, wenn ich es selbst spreche.

Ich bin ganz früh aufgestanden, um den Sonnenaufgang zu sehen. Du hättest keinen besseren Moment finden können.

Würdest du mit einer anderen schlafen, wenn ich tot bin? Schatz, dafür musst du doch nicht extra sterben!

Sie reden zu viel! Das ist Vererbung, meine Mutter war eine Frau.

Können Sie mir sagen, wie spät es ist? Ja, aber nicht jetzt.

Mögen Sie Quebec? Später vielleicht zum Kaffee, danke.

Was würden Sie tun, wenn Sie Ihr Leben noch einmal leben könnten?
Mehr Stellungen ausprobieren.

Schon mal mit meiner Frau geschlafen? Natürlich nicht!
Sollten Sie aber, viel besser als Ihre.

Ich möchte Ihrer Frau gern »Auf Wiedersehen« sagen.
Wer möchte das nicht?

Wollen wir uns mal ein richtig geiles Wochenende machen? Oh ja, gerne. Prima, dann bis Montag.

Reden Sie mit mir? Nein, ich übe nur die Landessprache.

Lieben Sie Ihre Frau? Einer muss es ja tun.

Tust du mir einen Gefallen? Oh, da gibt's eine lange Warteliste.

Bist du's, Jürgen? Nein, ich bin George Clooney im achten Monat.

Lust auf einen Quickie? Was wäre die Alternative?

Ah, du machst dir ein Sandwich! Was hat mich verraten, Brot, Butter oder Wurst?

Ich bin gerade in der Übergangsphase zwischen zwei Beziehungen, könnten Sie mir mit ein wenig Sex aushelfen?

Mit wie viel Frauen hast du schon geschlafen? Jemals, oder seit wir uns kennen?

Guck mal, die trägt keinen BH! Na und, ich trage doch auch kein Bruchband.

Sollten Sie zur Erweiterung dieser Sammlung beitragen können, immer her damit!

Liebe ist, wenn man sich am Ende kratzt

Es war einmal ein stattlicher Prinz, der die schöne Prinzessin fragte, ob sie ihn heiraten wolle. Sie wollte nicht. Und der Prinz ging jeden Tag fischen und jagen, hing mit seinen Freunden ab, betrank sich, so oft er wollte, spielte Golf, guckte Fußball, hatte Sex mit allen möglichen Frauen, furzte und rülpste nach Herzenslust und kratzte sich am Sack, auch wenn es ihn nicht juckte.

Ende

Dieser kleine Text wurde mir auf WhatsApp geschickt und machte mich nachdenklich. Sich am Sack kratzen, auch wenn's nicht juckt, wenn also ein Phantomjucken vorliegt, ist sicher eine feine Sache, aber nicht das Wichtigste im Leben. Heinrich Heine erzählt die Geschichte ein wenig anders:

Ein Jüngling liebt ein Mädchen,
Die hat einen andern erwählt;
Der andre liebt eine andre,
Und hat sich mit dieser vermählt.

Das Mädchen heiratet aus Ärger
Den ersten besten Mann,
Der ihr in den Weg gelaufen;
Der Jüngling ist übel dran.

Es ist eine alte Geschichte,
Doch bleibt sie immer neu;
Und wem sie just passieret,
Dem bricht das Herz entzwei.

Zurück zu Geschichte eins, dem Sackkratzer. Da ist keine Rede von seinen Gefühlen. Ist er gekränkt, liebt sie aber trotzdem noch? Wir erfahren nicht, ob er – wie bei Heine – übel dran ist, tief im Herzen. Wir erfahren nur, er lenkt sich ab, lässt sich gehen, sucht flüchtigen Sex, betreibt Alkoholabusus. Von irgendeiner sinnvollen Tätigkeit, die ihn ausfüllt, Geld bringt oder womöglich karitativer Art ist, lesen wir nichts. Auch nicht von einer neuen Liebesbeziehung, die das Vakuum in seinem Herzen vielleicht ausfüllen könnte. Wie dieses Leben endet, kann man nur befürchten. Er wird depressiv, fährt vor einen Brückenpfeiler oder säuft sich die Leber kaputt, die Transplantation geht schief, er stirbt jung. Oder wird von einem eifersüchtigen Ehemann erschossen, oder alle Freunde wenden sich ab, wegen des ewigen Rülpsens und Furzens, vor allem aber, weil der König, wir reden ja hier von einem Prinzen, sagt: Entweder du reißt dich am Riemen, oder ich stecke dich in die Klapse. Was er dann auch tut. Also der König. Kein schönes Ende. Im Grunde wie bei Heine. Dem Jüngling bricht das Herz, er besäuft sich und ertrinkt in einem Fluss oder entwickelt einen Hass auf alle Frauen dieser Welt und bringt so viele um, wie er kann, bevor er geschnappt und aufgehängt wird. Wo finden wir jetzt Trost? Vielleicht in der Philosophie:

Ein Philosoph liebte ein Mädchen und sagte sich, ich muss mit dem Pfund wuchern, das ich habe, kluge Gedanken und Worte, also schreibe ich ihr so lange kluge Briefe, bis sie nicht anders kann, als mir zu verfallen.

Ein Jahr lang schrieb er ihr die tollsten Briefe, erklärte ihr Platons Höhlengleichnis, Ockhams Rasiermesser, die Pascal'sche Wette bis hin zu Paul Feyerabends *anything goes*, bis sie schließlich weich wurde und den Postboten heiratete.

Der Philosoph sagte sich: Scheiß drauf, hing mit seinen Philosophenfreunden ab, eröffnete eine Eheberatungspraxis, schrieb einen Ratgeber nach dem anderen, wurde stinkreich und kratzte sich am Sack, auch wenn es ihn nicht juckte. Und die Moral von der Geschicht': Liebe ist, wenn man sich am Ende am Sack kratzt.

Kaspar, Melchior und Balthasar

Oft kommen Leute an und sagen: Sie sind doch Hypochonder und kennen sich mit Krankheiten aus. Dann sage ich, nein, ich bin Nosophobiker und kenne mich mit Krankheiten aus. Dann muss ich natürlich den Unterschied erklären: Der Hypochonder ist davon überzeugt, an einer bestimmten Krankheit zu leiden, für die sich aber keine somatischen Symptome finden lassen. Der Nosophobiker ist jemand, der Angst vor Krankheit hat, in meinem Fall, weil die Krankheit mich daran hindert, vor mein geliebtes Publikum zu treten.

Deswegen weiß ich viel darüber. Um Prävention betreiben zu können, aber auch, um im Ernstfall dem Arzt mit Rat und Tat zur Seite zu stehen, bei Diagnose und vor allem Medikation, denn ich kenne mich schließlich besser als so ein ehemaliger Medizinstudent. Und das meiste habe ich ja auch schon gehabt, zum Beispiel psychosomatische Krankheiten, die eine seelische Ursache haben.

Ich habe mich in einem Wellnesshotel mal zu einem Moorbad überreden lassen und fand es richtig scheiße. Es war kalt, es war eklig, ich habe jeden Moment darauf gewartet, dass jetzt Würmer oder Käfer aus der Brühe auftauchen, ich war froh, als ich nach fünfundvierzig Minuten duschen konnte und habe dann den Angestellten gefragt: »Hören Sie, es kriegt doch jeder sein eigenes frisches Moor, nicht?« Nicht. Und als mir klar wurde, dass ich gerade fünfundvierzig Minuten meines Lebens in einer Matsche verbracht hatte, in der vor mir schon unzählige Menschen unterschiedlichster dermatologischer Verfassung verweilt hatten, formierten sich drei Herpesblasen auf meiner Unterlippe. Kaspar, Melchior und Balthasar. Alte Bekannte, die mir als Kind erstmalig erschienen waren. Da war ich noch klein und im Krankenhaus. Und die Schwester kommt abends rein und sagt: »So, kleiner Mann, jetzt wollen wir mal Fieber messen.« Und ich hebe bereitwillig den Arm, wie ich das von zu Hause kenne, und sie sagt: »Nein, wir messen im Po, das ist genauer.« Ich sage: »Sie meinen rektal, das machen wir ganz bestimmt nicht, wir messen axillar, wie ich das von zu Hause kenne.« Und sie: »Nein, das geht nicht, aber wenn du unten nicht willst, stecken wir es eben in den Mund, das geht auch.« Und als ich anhand des Geschmacksbildes realisierte, dass es zwischen dem Nachbarzimmer und meinem offenbar keinen Reinigungsstopp gegeben hatte, erschienen mir zum ersten Mal Kaspar, Melchior und Balthasar.

Zeitsprung: Letztens wollte ich in einen Arthouse-Film, vielfach preisgekrönt, *Goldene Spirale von Ennepetal.* Richtig schwere Kost, ich brauche das manchmal als Ausgleich, und dann sagten die Kumpels: »Wollen wir nicht lieber in eine Table-Dance-Bar?« Und ich: »Leute … warum nicht?« Und wir saßen nun da, alles wunderbar, die Künstlerin trat an die Stange und begann ihr Tag- oder besser Nachtwerk, und ich dachte so: Das könnte Helene Fischer auch mal probieren in ihrer Weihnachtsshow, statt dieser Trapeznummer, die sie immer macht. Aber es war schön, einfach dazusitzen, die Atmosphäre wirken zu lassen, die Musik zu genießen, den Whisky, an früher zu denken, als man jünger war und Single und sich fast täglich Frauen für einen auszogen.

Singles haben einfach die besten Bettgeschichten. Man weiß es deshalb, weil sie es jedem erzählen. Wo immer man eine

Menschentraube sieht, ist mittendrin ein Single, der vom Sex erzählt. »Hört mal, dat jlaubt ihr nich, da liege ich auf der ihrem Bett, splitterfasernackt von oben bis unten mit Schweineschmalz eingeschmiert, mit allen vieren an die Bettpfosten gefesselt, und dann kommt sie rein, auch nackt, auch mit Schweineschmalz eingeschmiert, Olivenöl wär leichter zu sprechen, aber et war nu mal Schweineschlanz, mit Hut, Stiefeln, Sporen, in der rechten Hand ne Bullpeitsche, in der linken ein glühendes Brandeisen …«

Da kommen Ehepaare nicht mit. Wenn man die fragt: »Was habt ihr gestern gemacht?« – »Du, ›Wer weiß denn sowas‹ geguckt, nicht Berndchen, dann den Linseneintopf von Samstag warm gemacht und noch ein bisschen gelesen, nich Berndchen?«

Und die Partys früher waren geiler, man war entspannter, es war einfach egal, ob jemand Lambrusco auf den grauen Flokati kippte oder ob eine Zigarette eine weitere braune Stelle in den Tisch brannte.

Und es war echt spannend, man wusste nie, wen wird man abschleppen, jemand Neues oder jemand, den man schon kennt? Und es kam immer die Polizei wegen Lärm. Und es war immer dieselbe Show, zwanzig Besoffene spielten nüchtern. Der Gastgeber sagte, »Ruhe, Musik leiser, haltet die Klappe, ich mach das. Peter, Hose hoch, Gabi, zieh die Bluse an. Grüß Gott, Herr Hauptwachtmeister, wie schön, dass Sie es zeitlich einrichten konnten, ich muss ein Verbrechen melden, ein Unbekannter hat in den Plattenspieler geharnt.«

Und es ging niemand nach Hause. Die Leute schliefen, wo sie zuletzt umgefallen waren. Und der Morgen danach, fünfzehn Uhr, war toll, man weckte Leute, die man noch nie in seinem Leben gesehen hatte. »Heh, hör zu, ich muss zur Uni, zieh einfach die Tür zu, wenn du gehst.« Es roch entsprechend. Hygiene in diesen Tagen war ein ganz besonderes Kapitel. Es fiel aber nicht auf, denn es roch bei jedem gleich. Man putzte nie, man zog einfach von Zeit zu Zeit um.

Manchmal gab es Unstimmigkeiten mit dem Vermieter. »Wie, wo ist die Wand, die hier mal war? Berni, hast du hier mal 'ne Wand gesehen?« Oder: »Moment, die Pizza klebte schon an der Decke, als wir einzogen.«

Und man war ohne Zögern bereit, mit wildfremden Menschen Körperflüssigkeiten auszutauschen, wenn es sein musste, mit mehreren gleichzeitig, und es hat uns nicht das Geringste ausgemacht. Obwohl, ich entsinne mich eines Abends, wir hatten wie üblich Gruppensex, ich hatte aber Kopfschmerzen, ging früh schlafen, und irgendwann musste ich nachts aufs Klo, das war am anderen Ende des WG-Flurs, und ich ziehe meine Unterhose an und stolpere aufs Klo, mache Licht und stelle fest, es ist nicht meine Unterhose, und sie ist feucht. Und Halleluja, da waren sie wieder, Kaspar, Melchior und Balthasar.

Die Trauerfeier

»Guten Abend, ich habe ein Anliegen.«

»Lassen Sie mich raten, Sie wollen was trinken, zumindest haben 99 Prozent der Besucher einer Gastwirtschaft dieses Anliegen.«

»Es geht um unseren Opa.«

»Verstehe, er hat Geburtstag, und Sie suchen eine Kneipe zum Feiern, da sind Sie hier goldrichtig.«

»Fast richtig, er ist gestorben.«

»Das tut mir leid. Wollen wir auf ihn trinken? Ich gebe einen aus.«

»Er war früher selber Gastwirt, und sein Wunsch war es, dass die Trauerfeier in einer Kneipe stattfindet.«

»Das überrascht mich jetzt, aber prinzipiell ist das möglich, montags haben wir Ruhetag, hehe, Ruhetag, das passt doch!«

»Allerdings war es sein Wunsch, dass er sozusagen teilnimmt.«

»Wie meinen Sie?«

»Also der offene Sarg sollte im Raum sein, sodass das Ganze persönlicher wird.«

»Ich bin nicht ganz sicher, was die Gesetzeslage angeht …«

»Das ist mit dem Beerdigungsinstitut abgeklärt, Sie wären in diesem Fall eine Außenstelle zum Zwecke der Aufbahrung oder wie die Amerikaner es nennen: Public Viewing. Außerdem hat Opa sich künstlerische Darbietungen gewünscht.«

»Da ich bisher schon ein paarmal danebenlag: Sie denken dabei nicht an Orgelmusik?«

»Doch, aber als Begleitung einer Stripteasedarbietung.«

»Ungewöhnlich, aber reizvoll.«

»Wie man's nimmt, seine Frau wird tanzen.«

»Ihre Oma soll in meinem Lokal strippen?«

»Nun ja, es ist quasi ihr Beruf, und sie ist erst 26.«

»Scheiß die Wand an, dann hat sie womöglich sein Ableben beschleunigt?«

»Wünschen wir uns nicht alle so einen Tod, von einigen Kirchenvertretern mal abgesehen?«

»Gut, kommen wir zum Geschäftlichen: Mit wie vielen Gästen rechnen Sie?«

»Wie viele Plätze gibt es denn, wenn man den Platzbedarf für den Sarg und den Tanz abzieht?«

»Schätzungsweise achtzig, sag ich mal.«

»Und wie viel Eintritt kann man da nehmen?«

»Eintritt?«

»Na, die Leute kriegen doch was geboten, Striptease neben einem Toten, Getränke, kaltes Buffet …«

»Aber zu einer Trauerfeier lädt normalerweise die Familie ein, so kenne ich das!«

»Ich bin sein einziger Enkel, Freunde hatte Opa auch keine, ich habe keine Kohle, also kann ich seinen letzten Wunsch nur erfüllen, wenn wir Eintritt nehmen, sozusagen Trauer-Crowdfunding.«

»Gut, aber Ihre Oma muss erst mal vortanzen, sonst gehe ich nicht ins Risiko.«

Das Vortanzen übertraf alle Erwartungen, der Wirt kündigte das Special Event auf seiner Facebook-Seite groß an, Eintritt inklusive Häppchen 47 Euro, Getränke extra. Am Schluss musste der Wirt noch einen Türsteher auf die Schnelle besorgen, weil die Leute Schlange standen. Reingewinn schlappe dreitausend Euro. Der Wirt ist jetzt mit Oma zusammen und steht mit allen Beerdigungsinstituten der Stadt in Verhandlungen wegen Public Viewing.

Klassische Bildung

Ich habe in der Schule Griechisch und Latein gelernt, könnte also theoretisch mit dem Papst auf dem Petersplatz sitzen, Touristinnen angeiern und auf Latein zu ihm sagen: *Ecce Francisco*, guck mal, Franz, *mulier ibi*, die Frau da, *cum tunicula minima*, mit dem Minirock, *et mammis capitalibus* – klingt einfach schöner als Mördertitten.

Wenn ich mal einen Lateiner treffe, teste ich ihn immer mit dem berühmten pseudolateinischen Satz: *Sita us vilate in isse tabernit.* Sieht aus wie Latein, isset aber nit.

Italienisch kann ich auch, also das Nötigste, ich saß mal in Rom in einem Ristorante, der Kellner kommt, ich sage: *»Vorremo bere e mangiare qualcosa, per favore.«* Wir möchten essen und trinken. Stellte sich raus, dass er Spanier war. Spanisch kann ich nicht so gut, aber es gibt einen Satz, mit dem Sie recht weit kommen: *Sangro a menudo por la nariz.* Das heißt: Ich habe häufig Nasenbluten. Das passt erstaunlich oft. Wie geht es Ihnen? *Sangro* a … Was machen Sie beruflich? *Sangro* … Dann denkt der Spanier, Sie sind Boxer. Sind Sie glücklich verheiratet? *Sangro* … Jedenfalls saß ich im Club Med, wo es diese Achtertische gibt, mal mit sieben Argentiniern zusammen, und wir haben uns zwei Stunden rauschend über mein Nasenbluten unterhalten. Und je länger wir so plauderten, desto mehr spanische Sätze kamen mir wieder ins Gedächtnis: *Donde esta la salida B?* Wo ist Ausgang B? *Tambien hacer protesis?* Fertigen Sie auch Prothesen an? *Me e quemado la pipa!* Ich habe mir die Pfeife verbrannt.

Gehen wir noch mal zurück in die Wiege der romanischen Sprachen:

Das klassische Altertum war, was viele vielleicht nicht wissen, sehr fäkalaffin. Die Römer hatten Kotgötter, deren besondere Fürsorge den Latrinen und ihren Besuchern galt. Cicero machte sich für die Furzfreiheit stark. Er schrieb in einem Brief an Atticus: *Crepitus aeque liberos ac ructus esse oportere.* Sowohl der Furz als auch das Rülpsen müssen in gleicher Weise gestattet sein. Diesen Spruch nehme ich bei Hochzeitsfeiern stets als Trinkspruch, übersetze ihn aber immer anders, zum Beispiel mit: Das Lächeln einer Frau entschädigt für einen Dachstuhlbrand. Bisher ist mir noch nie einer draufgekommen. Einmal habe ich ihn bei einer Beerdigung verwendet und übersetzt mit: Der Herr hat's gegeben, der Herr hat's genommen, Lebbe geht weiter. Dummerweise war die Witwe Lateinlehrerin.

Bibelfestigkeit ist auch ein Bildungsindikator, diesen Witz können Sie sogar dem Papst erzählen, wenn Sie ihn mal treffen: Eine junge Nonne fährt per Anhalter. Der Fahrer fängt an zu baggern, legt ihr die Hände aufs Knie. Da flüstert sie: »Psalm 90, Vers 5.« Verstört zieht er die Hand zurück. Zu Hause guckt er in der Bibel nach, Psalm 90, Vers 5, steht da: Du bist auf dem richtigen Weg.

Ein merkwürdiges Paar

Manchmal denke ich: Mal wieder ein Theaterstück schreiben wär' lustig, aber das dauert so lang, mindestens eine Woche, wenn nicht zwei, aber eine Szene kann man schon runterrotzen. Mir schwebt ein Stück zwischen zwei älteren Komikern vor, die in einer WG leben und die so eine Art Hassliebe verbindet, so etwas gab es, glaube ich, noch nie, also der eine wäre natürlich ich und der andere zum Beispiel Hugo Egon Balder.

H: Du hast wieder zugenommen!

J: Woher willst du das denn wissen?

H: Ich habe eine App auf meinem Handy, die mit unserer Waage verbunden ist, und die sendet mir jedes Mal, wenn einer drauf war, das Gewicht.

J: Und was hast du davon?

H: Ich weiß, wann du zugenommen hast.

J: Hast du nicht mit deinem Gewicht genug zu tun?

H: Das stimmt, wenn ich nicht aufpasse, nehme ich ab.

J: Sag mal, gibt es eigentlich eine App, mit deren Hilfe man einem WG-Partner Stromschläge verabreichen kann, wenn er nervt?

H: Elektrotechnik ist nicht so meine Baustelle, aber wenn du mich vergraulen willst, dann koch doch einfach mal wieder! Oder lad eine Frau ein, die so laut schreit, dass ich ins Hotel ziehe.

J: Was soll das denn jetzt? Bei mir hat noch nie eine Frau laut geschrien!

H: Wunderbar, diesen Satz habe ich jetzt mit meinem Handy aufgenommen, man weiß nie, wann man so was mal brauchen kann, in einem Interview oder so.

J: Hugo, du wirst das auf der Stelle löschen.

H: Selbstverständlich, zack, schon passiert.

J: Und woher weiß ich, dass du das auch wirklich gelöscht hast?

H: Gar nicht, du hast ja keine Ahnung von Handys, du musst mir einfach vertrauen.

J: Das ist keine sehr solide Basis. Und damit sind wir beim Thema. Weißt du, was das ist?

H: Nein.

J: Eine Aufstellung der Lebensmittel, die ich in diesem Monat eingekauft und in den Haushalt eingebracht hätte.

H: Ja und?

J: Das hätte ich gern mal mit deiner Aufstellung verglichen.

H: Wozu?

J: Um zu dokumentieren, dass ich wesentlich mehr ausgegeben habe.

H: Das ist ja blöd, ich habe keine Aufstellung.

J: Warum nicht?

H: Weil ich nichts einkaufe.

J: Warum nicht?

H: Du kaufst doch ein, und bei der Gelegenheit muss ich dir, wenn auch widerwillig, ein Kompliment machen, du kaufst tolle Sachen ein, und du kochst sehr gut, fast so gut wie meine Mutter, und darauf kannst du dir echt was einbilden.

J: Hast du nicht eben noch behauptet, dass ich nicht kochen kann?

H: Jürgen, das war doch ein Scherz, raffst du denn jetzt gar nichts mehr?

J: Fakt ist, dass ich in dieser WG alles zahle und alles mache.

H: Quatsch, letzte Woche zum Beispiel habe ich ein Paket für dich angenommen.

J: Und wieso hast du es mir nicht gegeben?

H: Ich habe gedacht, es wäre für mich, und dann habe ich es ausgepackt und war begeistert.

J: Das ist jetzt nicht wahr, du hast meine sauteure Spezialanfertigung aus den USA einfach so genommen und …

H: Überleg dir gut, was du sagst, du willst doch sicher nicht, dass die Leute wissen, dass du eine …

J: Halt die Klappe, und außerdem fällt mir gerade auf, dass du die ganzen Gags in dieser Szene hast.

H: Entschuldige, ich habe gedacht, das hast du so geschrieben, weil du weißt, dass ich der Witzigere bin. Schreib dir ruhig auch ein paar Gags, dann darf ich aber die Sexpuppe behalten!

Laub sammeln für Blätterteig

Manchmal erliege ich der Versuchung, andere auf sprachliche Lapsus, und nicht etwa Lapsi, wie Günther Jauch unlängst einmal sagte, hinzuweisen. Lapsus ist u-Deklination und bildet den Plural mit langem U.

Viele plappern einfach dummes Zeug daher: »Ich habe gestern 'nen Cheeseburger gegessen, Wahnsinn.«

»Aha«, sage ich dann. »Was willst du sagen, wenn wirklich mal was Erstaunliches passiert, wenn Marilyn Monroe vom Himmel herabfährt und dich um das letzte bisschen Verstand vögelt? Das wirst du dann nicht beschreiben können, weil du dein ganzes Sprachpulver schon bei der Currywurst verschossen hast.«

Vielleicht macht der Betreffende dann noch den Fehler zu fragen: »Für wie blöd hältst du mich eigentlich?«

Da bietet das Internet ein ganzes Füllhorn an Antworten:

Wenn Blödheit lang machte, könntest du den Mond im Knien am Arsch lecken. Du guckst bei 'ner Glastür durchs Schlüsselloch, du bellst, wenn's klingelt, du kackst dir an Nikolaus in den Stiefel, du suchst im Kalender den Bundestag, verkaufst Stöckchen im Wald, singst auf der Rutsche: Dieser Weg wird kein leichter sein, sammelst Laub für Blätterteig und kaufst gebrauchte Kondome bei eBay. Du setzt beim Onlinepoker 'ne Sonnenbrille auf, du könntest nicht Titte buchstabieren, wenn ich dir drei T und das I vorgäbe, du fährst zu 'nem Familientreffen, um Frauen kennenzulernen, sitzt vor der Rolltreppe und zählst die Stufen.

Aber das würde ich alles nie sagen, denn ich werde immer verständnisvoller, wenn ich mit zerebralen Defiziten konfrontiert werde. Das liegt nicht nur an der Altersmilde, sondern auch daran, dass ich oft genug zu den Betroffenen gehöre. Ich befolge beispielsweise regelmäßig völlig bescheuerte Ratschläge.

Beispiel: Wir hatten im Urlaub Ameisen in der Küche.

Irgendwoher bekam ich einen brandheißen Tipp: Backpulver. Also ließ ich Backpulver über die Ameisenstraße regnen. Ich habe noch nie etwas so Wirkungsloses gesehen. Es war, als hätte sich in Ameisenkreisen die Botschaft verbreitet: Hey Mädels, wollt ihr mal lachen, hier hat so'n armer Dödel Backpulver gestreut. Es bläht ein bisschen, schmeckt aber echt grell.

Wenn mir also ein Blöder begegnet, denke ich nicht mehr: Ach Gott, ein Hirni, Herr, tu ihn weg, sondern: Sei mir willkommen, Bruder, du bist einer von uns.

Es geht in der Kommunikation darum, nicht immer sofort alle Türen zuzuschlagen. Ein bisschen ist es wie beim Alkoholentzug, wo viele Therapeuten sagen, es bringt nichts, dem Patienten zu sagen, du wirst ewig ein Alkoholiker sein, also krank, du darfst nie wieder einen Tropfen trinken. Heute setzt man immer häufiger auf das Konzept: kontrolliert trinken.

Der Therapeut wird also sagen: »Vorschlag, was hast du gestern Abend gemacht?«

»Keine Ahnung.«

»Ist das nicht ein bisschen schade? Vielleicht sind ja ganz tolle Dinge passiert, an die du dich gerne erinnern würdest!«

»Ja, gut möglich.«

»Okay. Jetzt verringern wir die tägliche Alkoholzufuhr mal so weit, bis du dich am nächsten Morgen an alles erinnern kannst, und dann sehen wir weiter. Wie klingt das?«

»Gut, das machen wir.«

»Super, und darauf trinken wir jetzt einen.«

So was nennt die Psychologie: jemanden in seinem Bezugsrahmen abholen.

Dazu ein uralter Witz: Herr Hauptwachtmeister, darf ich schon bei Orange über die Straße gehen? Nein, erst bei Waldmeister.

Nehmen wir mal die Kreationisten, wie sie in Amerika sehr verbreitet sind. Die Hardcorevertreter nehmen die Bibel ganz wörtlich und glauben, die Erde ist nicht älter als maximal zwölftausend Jahre. Wenn mir das jemand erzählt, kann ich sagen: »Geht's noch? Schon mal in ein Lexikon geguckt, Alter der Erde gegoogelt oder von Darwin gehört?« Dann ist die Tür zu. Ich kann aber auch sagen: »Das ist ja ein Ding, Gott ist mir gestern erschienen, in einem brennenden Gummibaum, ich habe keine Dornbüsche zu Hause, und hat gesagt: ›Pass auf, morgen wird dir jemand erzählen, die Erde wäre erst zwölftausend Jahre alt, grüß ihn schön von mir und sag ihm, er soll aufhören, diesen Unsinn weiterzuverbreiten, sonst schick ich ihm jede Menge Stechmücken oder scheiße ihn mit Fröschen zu, wie bei den zehn Plagen damals in Ägypten im dreizehnten Jahrhundert vor Christus.‹« Dann denkt er: Ach guck, wir haben auf jeden Fall eine gemeinsame Basis.

Nun machen die Amerikaner gern mal ein paar logisch schwer nachvollziehbare Dinge. Muhammad Ali durfte wegen seiner Wehrdienstverweigerung drei Jahre seinem Beruf als Boxer nicht nachgehen.

Wahrscheinlich hat er in der Verhandlung gesagt: »Fuck you, you motherfucking Motherfucker.« Wenn ich Muhammad Ali gewesen wäre, hätte ich gesagt: »Euer Ehren, mein Beruf ist es, Menschen zu verprügeln, die das auch wollen. Das mache ich gerne und sehr gut. Sie verlangen von mir, Menschen zu töten. Das will ich nicht, und die Opfer wollen das auch nicht. Und jetzt sagen Sie: Wenn du sie nicht töten willst, darfst du sie auch nicht verprügeln. Das finde ich kleinlich.«

Wahrscheinlich hätte es ihm auch nichts genützt, aber vielleicht wäre der Richter ein klein wenig verunsichert gewesen.

Wir sind alle zeitweise blöd oder beschränkt, unsere moderne Technologie möchte uns aber trotzdem immer mehr Gottgleichheit vorgaukeln. Erinnern Sie sich an die Schöpfungsgeschichte? Und Gott sprach: Es werde Licht. Und es ward Licht. Das hat auf der Erde bis vor wenigen Jahren nicht funktioniert. Wir mussten, wenn wir nachts wach wurden und pinkeln gehen wollten, Licht machen. Einen Schalter betätigen. Im Bad dasselbe. Wir haben nicht gesagt, es werde Licht, wir haben es angemacht. Nach dem Pinkeln haben wir nicht gesagt, es spüle, wir haben den Knopf gedrückt oder früher an der Strippe gezogen. Heute heißt es: Siri, spüle, oder Alexa, mach Licht. Aber das macht uns nur fauler, nicht klüger. Und wieso hat sich eigentlich noch niemand beschwert, dass die dienstbaren Maschinen Frauennamen tragen, hä?

Zwei im Bett

Hier ist eine weitere Fortsetzung der beliebten Reihe: Ein Pärchen frühstückt im Bett und liest sich dabei aus Zeitungen vor.

Sie: Hier, hör mal, was Menschen glücklich macht:

1. Gesundheit, 2. Partnerschaft, 3. Freunde, 4. regelmäßiger Sport, 5. Eigenheim, 6. Autonomie am Arbeitsplatz, 7. Gehaltserhöhung, 8. Freizeitaktivität, 9. klassische Kultur, 10. Religiosität.

Das statistisch gesehen größte Glücksempfinden hat allerdings der, der nach dem Tod des Ehegatten einen neuen Partner findet. Das glaub ich ja jetzt nicht. Was denkst du gerade?

Er: Die Hoffnung stirbt zuletzt.

Sie: Bitte?

Er: Das war ein Scherz! Aber hör mal hier: Düster, stolz oder betreten blickende Männer kommen bei Frauen besser an als lächelnde, zumindest, wenn sie auf der Suche nach einem Liebesabenteuer sind. University of British Columbia. Freude oder Glück im Männergesicht wirken offenbar weniger sexy als ein Macho-Ausdruck.

Sie: Das kann ich mir jetzt aber gar nicht vorstellen. Guck mal betreten.

(Er guckt betreten.) Nein, das sieht so was von bescheuert aus. Jetzt lächle mal … (Er lächelt.) Schwer zu sagen.

Er: Wie hab ich denn geguckt, als wir uns kennengelernt haben?

Sie: Keine Ahnung, ich war betrunken.

Er: Und als du wieder nüchtern warst?

Sie: Da waren wir schon verheiratet. Das war ein Scherz, ich kann auch witzig sein!

Er: Wenn du meinst. Was waren die anderen Glücklichmacher noch mal? War da auch Sex dabei?

Sie: Nein, Partnerschaft.

Er: Das ist doch dasselbe. Hier steht: Du bist sexsüchtig, wenn du mehr als dreimal am Tag Sex willst und das jeden Tag. Dann bist du sexsüchtig und brauchst professionelle Hilfe. Und ich dachte, die einzige Möglichkeit für mich, dreimal am Tag Sex zu bekommen, wäre mit professioneller Hilfe.

Sie: Dann wird dich diese Meldung interessieren: In Bonn gibt es einen Steuerticketautomaten für die Mädels vom Straßenstrich. Sechs Euro. Gilt von 20.15 Uhr bis 6.00 Uhr morgens. So 'nen niedrigen Steuersatz hätte ich auch mal gerne.

Er: Ich sag jetzt nichts, sonst bist du wieder sauer. Da gibt es aber ganz schöne Missbrauchsmöglichkeiten.

Sie: Wieso?

Er: Na, überleg doch mal: Ich zieh mir so'n Ticket und sage zu einem Kumpel: Deine Frau ist 'ne Nutte! Wieso? Das Ticket ist ihr gerade aus der Tasche gefallen. Oder Schüler ziehen eins und gehen damit zum Direktor, zeigen ihm das und sagen: Unsere Religionslehrerin verdient sich was dazu, ist das mit Ihnen abgesprochen? Ou, das fand ich jetzt irgendwie anregend, wollen wir was spielen?

Sie: Gute Idee, das Spiel heißt: Kaffee ist alle, und der Mann kocht neuen!

Frühstück im Bett 2

Sie: Hier steht: 48 Prozent aller Männer stellen sich im Bett eine andere Frau vor, wenn sie mit ihrer Partnerin schlafen, du auch?

Er: Kommt drauf an.

Sie: Worauf, mit wem du schläfst, oder was?

Er: Es beleidigt meine Intelligenz, dass du mich in eine derart plumpe Falle locken willst. Eigentlich finde ich schon die Tatsache empörend, dass du mich überhaupt in eine Falle locken willst!

Sie: Fühlt sich hier jemand ertappt?

Er: Überhaupt nicht! Ich glaube, dass die Prozentzahl 48 absolut zu niedrig greift, kein Mann wird von sich sagen können, dass er noch nie versucht hat, eine drohende Niederlage auf dem Feld der männlichen Ehre mithilfe seiner Vorstellungskraft abzuwenden. Umgekehrt ist es ja auch so, dass man, um eine Ejaculatio praecox …

Sie: Eine was?

Er: Eine vorzeitige Ejakulation, also um die zu vermeiden, imaginiert man ja auch abturnende Dinge, einen eisigen Gebirgsbach, eine Darmspiegelung …

Sie: Das wird ja immer besser, du hast bei mir an eine Darmspiegelung gedacht?

Er: Musste ich, schon ganz oft, weil du mich so erregst. Einmal habe ich sogar an beides denken müssen, also an eine Darmspiegelung während ich in einem eisigen Gebirgsbach auf der Seite lag, da vergeht dir aber alles!

Sie: Und an wen denkst du, wenn du dich beim Sex mit mir anturnen musst?

Er: Musste ich noch nie, du bist anturnend genug, das habe ich doch gerade schon erklärt, wer wird denn an Bifi denken, wenn er gerade Filet Wellington auf dem Teller hat. Und an wen denkst du beim Sex?

Sie: An Stephen Hawking.

Er: Wie bitte? Du geilst dich beim Sex mit mir an einem verstorbenen kleinwüchsigen Wissenschaftler im Rollstuhl auf?

Sie: Nein, ich stelle mir nur vor, ich wäre mit ihm im Bett, erschauere und mache mir dann klar, dass ich ja mit meinem gesunden, starken, geliebten Partner zusammen bin, und das turnt mich dann an.

Er: Du findest mich also immer noch attraktiv?

Sie: Ja, schon, aber eben nicht im landläufigen Sinne.

Er: Was heißt das jetzt wieder?

Sie: Hier steht, das Kriterium für gutes Aussehen sind symmetrische Gesichtszüge, die hast du ja nicht.

Er: Na toll!

Sie: Ja, aber hier steht auch, eine schottische Studie beweist: Je besser einer aussieht, desto selbstsüchtiger ist er, weil es kaum Anreize für ihn gibt, mit anderen zu kooperieren. Ich will doch kein egoistisches Arschloch, da hab ich lieber dich.

Er: Findest du gar nichts schön an mir?

Sie: Doch, du hast sehr schöne Wimpern. Für ’nen Mann.

Lookismus

Lookismus ist eins der neueren gesellschaftspolitischen Themen. Es bedeutet Diskriminierung von Menschen wegen ihres Aussehens. In Teilen Amerikas und Australiens ist der Lookismus bereits gesetzlich verboten.

Dieses veranlasste die Berliner Grünen-Politikerin Marianne Burkert-Eulitz zu der vielfach abgedruckten Klage: Bei Misswahlen werden grundsätzlich Menschen unserer Gesellschaft ausgeschlossen. Das kommentierte Harald Martenstein so: Zu Mister-Germany-Wahlen gehe ich deswegen seit Jahren gar nicht mehr hin. Es wäre zu schmerzhaft. Frau Burkert-Eulitz schlägt nun vor: Bei Miss- oder Misterwahlen sollten auch weniger schöne Menschen gewinnen dürfen.

Anrührend, aber schwierig. Nehmen wir an, sie will ein Exempel statuieren und eine unter prä-lookistischen Gesichtspunkten semiattraktive Mitarbeiterin dazu bringen, sich als *Bild*-Girl zu bewerben, man muss ja nicht gleich nach den Sternen greifen. Wie bringt sie ihr das bei?

»Frau Nussig-Vollwert, ich habe da mal eine Frage.«

»Ja, bitte, Frau Burkert-Eulitz?«

»Könnten Sie sich vorstellen, sich als *Bild*-Girl zu bewerben?«

»Ich soll mich ausziehen?«

»Nicht hier und nicht jetzt, in der *Bild* vielleicht, wenn Sie genommen werden. Erst mal geht es um die Bewerbung.«

»Wie kommen Sie da auf mich, wenn ich fragen darf, und

nicht auf zum Beispiel Frau Dösig, die hat schon an Misswahlen teilgenommen.«

»Eben, deswegen wollte ich Sie bitten, öfter mal was Neues sozusagen.«

»Sie finden mich also attraktiv?«

»Nein, äh, ja, natürlich, auf Ihre Art sind Sie sehr attraktiv, und mir geht es darum, verkrustete Sehgewohnheiten aufzubrechen, einerseits, und zu einem neuen Frauenbild beizutragen, andererseits.«

»Finden Sie mich nun attraktiv, oder was?«

Selbst- und Fremdwahrnehmung sind zwei sehr unterschiedliche Paar Schuhe. Es gibt gut oder normal aussehende Menschen, die damit kokettieren, dass sie sich hässlich finden, in ernsten Fällen heißt das Bodyshaming, wissenschaftlich Dysmorphophobie. Unbehagen am eigenen Erscheinungsbild, aber Sie werden nie einen wirklich hässlichen Menschen finden, der das weiß und zugibt. Zum Verständnis hilft wie so oft ein Witz:

Zwei Freundinnen telefonieren.

Ich hatte einen Autounfall, schlimm, Gesicht völlig zerschnitten.

Entsetzlich.

Aber der Chirurg war wunderbar. Hat tolle Arbeit geleistet.

Wie schön.

Ich sehe genauso aus wie vorher.

Entsetzlich.

Deswegen kann man auch Witze über hässliche Menschen machen, denn sie werden sich nie betroffen fühlen. Können wir ausprobieren: Alle Hässlichen mal aufzeigen! Da, bitte. Eine wirklich große Herausforderung wäre es, eine Protestdemo für

Hässliche zu organisieren. Hunderttausend Leute marschieren durch Berlin, halten Schilder hoch mit Botschaften wie: Ich will respektiert werden, Ruf mich zurück, Verabredet euch mit uns, auch am Tage, Ich mag auch Sonnenschein – dafür wird man niemanden begeistern können.

»Hör mal, bist du auch bei der Demo dabei morgen?«

»Welche Demo?«

»Na hier, die Demo der optisch Herausgeforderten.«

»Wieso ich? Was soll ich da?«

Da kann man dann auch nicht sagen: »Na guck dich doch mal an, bei dir brechen sie ein, nur um die Vorhänge zu schließen.« Oder: »Wenn der Geier mal ausstirbt, bist du der hässlichste Vogel.«

Jetzt hat irgendjemand den Vorschlag gemacht, Nachrichtensendungen emotionaler zu gestalten. Gute Nachrichten sollten von gut aussehenden Sprechern gelesen werden, schlechte von hässlichen. Das ist natürlich bescheuert, da wäre der Streit schon programmiert. Wenn der Chef vom Dienst vor der Tagesschau sagt: »So, Überschwemmung in Indien, hundert Tote, Herr Riva, das lesen Sie.« – »Wieso, das kann doch Frau Rakers lesen.« – »Nein, Frau Rakers liest Dax auf Allzeithoch.« – »Wieso das denn?« – »Fragen Sie nicht, lesen Sie's einfach!«

Natürlich frage ich mich, welche Spitzenidee brüten die Grünen als Nächstes aus. Hier ein paar Anregungen: Der Mensa-Club ist eine Gemeinschaft, die nur Leute mit einem IQ über 130 aufnimmt. Da könnte man doch eine Quotenregelung fordern. Der Club muss 30 Prozent Menschen aufnehmen mit einem IQ von 80. Wenn nicht, ist es Intelligismus und gehört bestraft. Dasselbe beim Abitur: 30 Prozent der Durchfaller kriegen das Abi trotzdem. Im Studium dasselbe.

Wenn jemand schon immer den Wunsch hatte, Hirnchirurg zu werden, darf man ihm das nicht verwehren, nur weil er dreimal durchs Examen gerasselt ist. Oder im Sport. Bei einem 100-Meter-Lauf muss auch mal ein Athlet mit 14,7, das war meine Bestzeit, gewinnen. Bei der Winterolympiade muss es eine Quote für Sportler aus afrikanischen Ländern geben. Keinem Sportler darf eine Goldmedaille verwehrt werden, nur weil er noch nie Schnee gesehen hat. Und was ich toll fände: Jedes vegetarische oder vegane Restaurant muss 30 Prozent Fleischgerichte anbieten. Es grünt so grün …

Funniest ever

Interviewer: Was war das Komischste, was Sie je im Fernsehen gemacht haben?

Comedian: Sie meinen beruflich?

I: Sie können gerne auch das komischste private Erlebnis erzählen.

C: Ich glaube nicht, dass das Heidi Klum recht wäre, oder war es Helene Fischer, die beiden verwechsele ich ständig, wie auch immer, das komischste berufliche Erlebnis war, wie ich für einen Sketch in einer RTL-Sendung nach Thailand gefahren bin, mit meiner Frau, um ein Kind zu adoptieren, was auf eigenen Erfahrungen basierte.

I: Das ist ja interessant, Sie beiden haben schon mal in Thailand ein Kind adoptiert?

C: Nein, wie kommen Sie darauf?

I: Sie sagten, der Sketch beruhe auf eigenen Erfahrungen!

C: Ja, mit Thailand, nicht mit Adoptionen, ich war früher schon mal in Thailand und habe diese Mädchen gesehen.

I: Welche Mädchen, Sie meinen Babys?

C: Ich habe einige Baby genannt, aber sie waren im strengen Sinne keine, diese Thailänderinnen sind altersmäßig schwer zu schätzen, sie sehen aus wie sechzehn, sind aber siebzehn oder dreißig, echt schwierig.

I: Nun verstehe ich gar nichts mehr, was war denn jetzt mit der Adoption?

C: Wenn Sie mich nicht dauernd unterbrechen würden,

ginge es schneller. Also: Die Idee war die: Ich fahre mit meiner Frau nach Thailand, wegen der Adoption, daraus wird aber nichts, weil meine Frau plötzlich nicht mehr will.

I: Warum nicht?

C: Schwer zu sagen, Sie wissen doch, wie Frauen sind, heute hü, morgen hott.

I: Aber sie muss doch einen Grund gehabt haben. Man fährt doch nicht irgendwohin, um ein Kind zu adoptieren, und sagt plötzlich: April, April, ich will nicht mehr.

C: Es war September.

I: Meinetwegen, ist doch jetzt egal!

C: Ist es nicht, denn im September April, April zu sagen, wäre so, wie … wie …

I: … im April September, September zu sagen.

C: Hey, Sie sind ja richtig komisch, aber gut, ehe wir uns verplaudern, also wir saßen da in Thailand vor dieser …

I: … Adoptionsbehörde?

C: Nein Bühne, es gibt doch viele Clubs in Bangkok, wo Mädchen ungewöhnliche Dinge tun, wie Flaschen öffnen mit Körperteilen, mit denen normalerweise keine Flaschen geöffnet werden. Also Bierflaschen. Jedenfalls öffnete die Dame diese Bierflasche und reichte sie mir, weil wir ganz vorne saßen, und ich prostete ihr zu und trank und sagte zu meiner Frau: Schatz, wenn wir die adoptieren, brauche ich bei der Sportschau nie mehr zu sagen, Scheiße, wo ist denn wieder der Flaschenöffner. Und jetzt kommt der Gag. Meine Frau sagte: Das könnte dir so passen, dann säufst du ja noch mehr. Lieber lass ich mir von ihr zeigen, wie der Trick geht. Ist das nicht witzig?

I: Ja … es geht, oder kommt da noch was?

C: Nein.

I: Und ist der Sketch gesendet worden?

C: Nein.

I: Aha, war wohl doch nicht so witzig?

C: Keine Ahnung, es hat ja nicht stattgefunden.

I: Bitte? Wie soll ich das denn jetzt verstehen.

C: Ich habe mit dem Redakteur gewettet, dass ich Ihnen fünf Minuten lang Scheiße erzähle, und Sie merken es nicht, und das hat ja schon mal geklappt. Und das kann ich ab jetzt erzählen, wenn jemand sagt, erzählen Sie mal das Komischste, was Sie je im Fernsehen gemacht haben.

Manchmal mag ich's makaber

Manchmal mag ich's makaber. Das ist so ein Wort, bei dem man gar nicht so richtig weiß, was damit gemeint ist. Der Duden verzeichnet zum Stichwort »makaber« folgenden Eintrag: »Durch eine bestimmte Beziehung zum Tod unheimlich; mit Tod und Vergänglichkeit scherzend.«

Da tasten wir uns doch am besten durch Witze an die Thematik heran:

Liegt eine Schildkröte völlig vertrocknet auf dem Rücken in der Wüste, neben ihr ein Handy. Daneben eine lebende Schildkröte. Was sagt die? »Ich bin sofort los, nachdem du angerufen hattest.«

Die Hilfsbereitschaft rührt uns, die apriorische Aussichtslosigkeit der Aktion macht uns traurig. Zwei starke Emotionen.

Hier steht, dass der Herbert jetzt erst Freitag beerdigt wird. Ach, geht's ihm besser?

Hier wird weniger mit Tod und Vergänglichkeit gescherzt, vielmehr versucht ein klassischer Ehetrottel, den Eindruck zu erwecken, dass er seiner Frau zuhört.

Also legen wir mal 'ne Schüppe drauf. 2017 feierte Lady Di ihren zwanzigsten Todestag. Ein lexikalischer Fehler, wie er in jeder Zeitung zigmal vorkommt, entpuppt sich als makabrer Scherz.

Apropos: Dittsche hat mir mal einen Witz erzählt, der keine Wünsche offenlässt: Beerdigung von Lady Di, Prinz Charles mit den beiden kleinen Jungs, Harry und William. Papa, warum sind hier so viele Leute? Das ist immer, wenn Elton John singt.

Hier wird gescherzt, ernst gemeint ist aber dieser Passus aus einer Altenheimregelung der Stadt Heidelberg:

Am Entlassungs- oder Todestag ist das Zimmer bis spätestens 12 Uhr zu räumen.

Oder aus dem Kommentar zum Bundesreisekostengesetz:

Stirbt ein Bediensteter während einer Dienstreise, ist die Dienstreise damit beendet.

In Rotterdam gibt es ein Naturkundemuseum, dessen Direktor, Kees Moeliker, ein makabres Hobby hat, er sammelt Tiere, die auf seltsame Art zu Tode gekommen sind. Die Sammlung enthält einen Wels, also einen Fisch. Die Geschichte dahinter: Besoffene haben irgendwo Goldfische aus dem Aquarium gefressen, als die alle waren, hat einer einen Wels gegriffen, nicht wissend, dass diese Fische, wenn sie sich bedroht fühlen, ihre stachelige Brustflosse aufstellen.

Und dieser Wels wurde dem Mann in einer zweieinhalbstündigen Notoperation aus der Speiseröhre entfernt, was er nicht überlebte. Der Wels. Sonst wäre ja der Mann Teil dieser Ausstellung, was ihm eigentlich recht geschähe.

Makabre Situationen kann man überall erleben, beispielsweise in der Luft. »Guten Tag, meine sehr verehrten Damen und Herren, hier spricht Ihr Flugkapitän, ich darf Ihnen mitteilen, dass soeben alle vier Triebwerke ausgefallen sind, sodass wir zeitnah im Indischen Ozean landen werden. Und jetzt die gute Nachricht, das Rauchverbot ist aufgehoben.«

Fallschirmspringen kann auch makaber sein, etwa wenn der Schirm sich nicht öffnet und du ungebremst fällst. Das dauert je nach Höhe bis zu zwei Minuten. Da könnte man theoretisch noch eine SMS schreiben, zum Beispiel: Vielen Dank, liebe

Enkel, dass ihr mir diesen Sprung zum siebzigsten Geburtstag geschenkt habt.

Hier noch ein paar makabre Stilblüten.

Kieler Nachrichten anlässlich der Kieler Woche: 1 Ertrunkener, 46 Körperverletzungen, ganze 7 Straßenraube, 2 Dutzend Taschendiebstähle – auch diese Bilanz spricht für ein fröhliches und friedliches Fest.

Flyer einer Brauerei: Für Kinder: Riesensandkiste und Strohhüpfburg. Kinderwerfen und Dosenschminken.

Das nennt man Kontamination, fehlerhafte Verknüpfung von Komposita, das ist auch ein schönes Partyspiel, man bereitet solche Kontaminationen vor, und die anderen müssen raten, wie es richtig heißt: Kleiderweihe und Priesterständer, Erstrente und Witwenbesteigung.

Evangelischer Gemeindebrief Dachsenhausen: Gemüse und Kartoffeln werden im Pflegeheim zusammen mit den alten Bewohnern zu einer Gemüsesuppe verarbeitet.

Am einfachsten makabert es sich natürlich auf dem Friedhof, das hab ich mir für den Schluss aufbewahrt: Ein Kardiologe, also ein Herzspezialist, wird beerdigt, große Show, nach allen Reden öffnet sich ein großes rotes illuminiertes Herz, der Sarg fährt hinein, das Herz schließt sich, alle schluchzen, einer lacht. Warum lachen Sie? Wissen Sie, ich muss gerade an meine eigene Beerdigung denken, ich bin Gynäkologe.

Für Stephen King

In seiner großartigen Biografie *Das Leben und das Schreiben*, das zur Hälfte auch ein Lehrbuch ist, stellt uns King eine Schreibaufgabe: fünf Seiten über eine Frau, die einen Typen heiratet, der sich aber als Choleriker herausstellt. Ein Kind kommt, der Mann wird gewalttätig, ist auch krankhaft eifersüchtig, irgendwann lässt sie sich scheiden, er stalkt sie, kommt in den Knast, sie kommt irgendwann nach Hause, hat ein komisches Gefühl, macht den Fernseher an und erfährt von einem Gefängnisausbruch.

Sie meint plötzlich, sein Rasierwasser zu riechen, und dann hört sie jemanden die Treppe runterkommen. Das ist die Ausgangssituation unserer Aufgabe. Und dann schreibt Herr King: Ich möchte, dass Sie jetzt die Rollen vertauschen, die Ex-Frau ist die Verfolgerin, der Mann das Opfer. Erzählen Sie, ohne sich irgendetwas zurechtzulegen. Lassen Sie sich von der Situation und der unerwarteten Umkehrung leiten! Wie sagt der Butler in *Dinner for One* jedes Jahr? »Yes Mam, I'll do my very best!«

Das Handy klingelte: »Ja, Pfleiderer?«

»Ich bin's, Mutter.«

»Ja, grüß dich, was ist los?«

»Güntherchen, könntest du rüberkommen, mir geht's nicht gut.«

»Aber Mutter, vor zwei Stunden ging es dir noch blendend …«

»Ja, aber in der Zwischenzeit habe ich mich übergeben und bin ganz zitterig, ich glaube, ich habe auch Fieber.«

»Gut Mutter, ich hatte zwar Leon versprochen, mit ihm zu Saturn zu gehen, aber dann muss das warten, bis gleich.«

Pfleiderer, 37, geschieden, 1,76, 10 Kilo Übergewicht und Filialleiter einer Bank, stieg die Treppe zum ersten Stock des kleinen Bungalows am Rande von Mühlheim hinauf und klopfte an die Tür des Kinderzimmers.

»Leon?«, rief er.

»Moment!«, hörte er, etwas später wurde die Tür geöffnet, Leon wirkte fahrig und auch erhitzt.

»Was ist los, geht es dir nicht gut? Was hast du gemacht?«

»Dehnübungen für meinen Rücken, weißt du, der tut wieder etwas weh.«

»Aha, Dehnübungen«, sagte Pfleiderer, dem die Kleenex-Packung auf dem Schreibtisch und die Tatsache, dass sowohl Laptop als auch Leons Hose geöffnet waren, nicht entgangen war.

»Du, Oma hat angerufen, der geht's nicht gut, ich will mal nach ihr sehen, kommst du mit?«

»Aber wir wollten doch zu Saturn.«

»Das machen wir dann anschließend, okay?«

»Nee, hab echt keinen Bock, Oma nervt schon, wenn sie nicht knatschig ist, dann arbeite ich lieber an meinem Referat.«

Über Dehnübungen?, wollte Pfleiderer sagen, ließ es dann aber.

»Gut, dann fahre ich allein, vielleicht geht's ja schnell, dann können wir immer noch zu Saturn.«

»Okay, lass die Tür ruhig auf«, sagte Leon.

In diesem Moment gab es einen lauten Knall, direkt gefolgt von einem Splittern, und das mehrmals, es klang, als ob jemand mit einem Vorschlaghammer die Glasfront, die das Wohnzimmer vom Garten trennte, bearbeitete.

»Scheiße, was ist das?«, schrie Pfleiderer, dem der Schweiß ausbrach. Er wollte die Treppe runtereilen, stolperte und stürzte stattdessen die Treppe hinunter, vor die Füße seiner Ex-Frau, Cynthia. Sie hatte ein großes Küchenmesser in der Hand und einen Gesichtsausdruck, der, wie es in schlechten Romanen heißt, das Blut in den Adern gefrieren ließ. Er fand es selber dämlich, trotzdem sagte Pfleiderer: »Hast du die Scheibe mit dem Messer eingeschlagen?«

»Nein«, sagte Cynthia, »das waren meine Freunde.« Zwei Männer traten zu ihr, einer trug einen Vorschlaghammer, einer eine Spitzhacke.

»So, du Arschloch, jetzt zu dir. Vier Jahre in der Geschlossenen habe ich dir zu verdanken, aber ich bin nicht nachtragend, ich bin sogar richtig großzügig, denn für jedes Jahr gibt es einen Hieb, immer abwechselnd Spitzhacke und Vorschlaghammer, und damit unser Sohn das nicht mitansehen muss, packt er dich jetzt in diesen Sack, und wenn du dich schön rund machst, bleibt sogar das Köpfchen heil.« Cynthia ließ ein schreckliches Lachen hören, dass unvermittelt in einen furchtbaren Husten überging, der die Wand mit Blutspritzern verzierte.

Leon, der stocksteif auf dem Treppenabsatz gestanden hatte, stürzte in sein Zimmer und schloss von innen ab.

Zwei Wochen später.

»Und diesen Traum haben Sie in drei Wochen fünfmal gehabt?«, fragte Dr. Stirnimann, der beste Psychiater Mühlheims. »Läuft es immer gleich ab, oder gibt es Variationen?«

»Nein, nein, es gibt Variationen, mal ruft meine Mutter an, mal mein Vater, die beiden sind geschieden, mein Vater wohnt in Duisburg, mal störe ich meinen Sohn beim Onanieren, mal meine Tochter ...«

»Sie haben also zwei Kinder ...«

»Nein, ich habe gar kein Kind, meine Frau hatte eine Fehlgeburt, und damit fing auch alles an, die Psychosen, die Selbstmordversuche, die Halluzinationen, und schließlich wurde sie in die geschlossene Abteilung der Psychiatrie eingewiesen.«

»Gut, aber Ihre Frau schlägt immer die Wohnzimmerscheibe des Bungalows ein ...«

»Nein, das machen die Kumpane, oder Begleiter, ich weiß nicht, wie man die Mitbeteiligten an einem Gewaltverbrechen nennt ...«

»Spießgesellen vielleicht?«

»Nein, das klingt ein bisschen tantenhaft.«

»Sie meinen tuntig, Sie finden, ich klinge tuntig?«

»Nein, tantenhaft bedeutet doch nicht tuntig, es bedeutet altmodisch!«

»Gut, weiter. Ihre Frau wird immer von zwei gewaltbereiten Männern begleitet ...«

»Nein, einmal waren es auch drei ...«

»Männer?«

»Nein, Frauen, das war eigentlich der schlimmste Traum, das waren Furien, kann ich Ihnen sagen ...«

»Gut. Aber der Traum endet, kurz bevor sich Ihre Frau final an Ihnen rächt?«

»Ja. Bis jetzt.«

»Hat sie denn Grund, sich zu rächen, sehen Sie bei sich irgendeine Schuld an den Geschehnissen um Ihre Frau?«

»Nein, in keinster Weise!«

»Waren Sie immer treu?«

»Ja, mehr oder weniger.«

»Was heißt das?«

»Ich hatte eine Affäre mit einer Mitarbeiterin, die habe ich aber beendet, sie wurde dann auch in eine andere Filiale versetzt.«

»Sie hatten Sex mit einer Abhängigen, verstehe ich das richtig?«

»Das finde ich jetzt sehr pointiert ausgedrückt.«

»Hatte diese Beziehung Folgen?«

»Nein, nein, Lisa hat die Schwangerschaft abgebrochen.«

»Auf ihren Wunsch?«

»Ja, gut, schon, irgendwie, ist ja wohl auch verständlich.«

»Nein, ich meine ihren kleingeschrieben, also Lisas Wunsch.«

»Doch auch, sicherlich.«

»Und Ihre Frau wusste davon.«

»Ja, das hat sie blöderweise rausgekriegt.«

»Während sie selbst schwanger war?«

»Spielt das eine Rolle?«

»Das kann durchaus mit ein Grund für eine Fehlgeburt sein.«

»Ach, Sie wollen mir jetzt die Fehlgeburt in die Schuhe schieben?«

»Ich suche nur nach Gründen für Ihre Albträume, und solche Gründe können Schuldgefühle sein.«

»Ich glaub, ich träume, ich suche ärztlichen Rat und muss mich hier beschuldigen …«

In diesem Moment hörte man von draußen: »Nein, da können Sie jetzt nicht rein, der Doktor hat einen …«

Dann wurde die Tür aufgerissen, und Cynthia und Lisa standen da, beide mit Beilen bewaffnet.

»Jetzt bist du dran, du Dreckstück«, sagte Lisa, Cynthia nickte nur.

»Das ist doch wieder dieser Scheißtraum«, rief Pfleiderer.

»Ich fürchte nein«, sagte Dr. Stirnimann, »wollen die Damen sich nicht setzen?«

Dann schnitt ihm Lisas Beil das Wort ab.

Männer leiden mehr als Frauen

Damit eins mal klar ist: Multitasking ist ein weiblicher Euphemismus für Oberflächlichkeit, fehlendes Talent zur Fokussierung, bei Kindern nennt man das ADS, Aufmerksamkeitsdefizitsyndrom. Ein kranker Mann ist einzig und allein auf seine Krankheit beziehungsweise ihre Heilung fokussiert.

»Wie spät ist es?«

»Keine Ahnung, ich hab Rücken.«

Männer fahren eine offensivere Strategie bei der Außendarstellung gesundheitlicher Defizite: Wenn ich leicht erkältet bin, kann man mich sehr verletzen, wenn man fragt: »Sag mal, bist du erkältet?« – »Erkältet? Wenn du mir 'ne Fünf-Minuten-Terrine auf den Kopp setzt, die ist aber in zwei Minuten fertig, du. Und die Nase läuft Marathon. Ich hab sie jetzt mit Sekundenkleber dichtgemacht, an einem Lösungsmittel wird noch gearbeitet, aber et muss ja irgendwie weitergehen.«

Wenn Männer die Tage bekommen würden, Sie glauben doch nicht, dass wir uns mit einer kleinen Always Ultra begnügen würden? Wir hätten eine halbe Matratze in der Hose! Damit es jeder sieht!

»Na, Herbert, wat is los, hasse wieder die Tage?«

»Och, hör bloß auf. Letzte Nacht hab ich gedacht, ich verblute. Und meine Olle liegt neben mir im Bett und pennt, als ob nix wär, ich sag, ›Gutste‹, sag ich, ›werd wach, fahr mich nachem Krankenhaus, ich brauch ne Blutinvasion‹, du, geh mir bloß weg, ich bin bloß noch Haut und Knochen.«

Und unsere Tampons hätten wir nich unauffällig im Handtäschchen, da hätten wir einen eigenen Patronengurt für!

Krankheit ist für den Komiker natürlich ein Riesenthema, das heißt, er ist von Berufs wegen *pathologophil*, wenn man mir diese griechische Wortschöpfung gestattet.

Den kenntnisreichen, mit allen Salben gecremten Nosophoben, also denjenigen, der Angst vor Krankheit hat, gibt es als misanthrope oder philantrope Ausführung. Der Sado-Nosophobiker dramatisiert alles bei anderen und diagnostiziert bei leichten Symptomen schwere Krankheiten:

»Was ist los?« – »Ich hab Muskelkater vom Sport.« – »Ich will dich nicht beunruhigen, aber so was kann auch ALS sein, amyotrophe Lateralsklerose, eine degenerative Krankheit des motorischen Nervensystems. Auf anfängliche Muskelschwäche folgen Muskelschwund und Lähmung.«

Das Handbuch des Sado-Nosophoben ist *Der kleine Hypochonder* von Dennis DiClaudio, da finden Sie alles, was Sie brauchen, um einem medizinischen Laien den Lebensabend zu horrifizieren.

Kleine Kostprobe: »Ich habe in letzter Zeit öfter Kopfschmerzen.«

»Auch Krämpfe, Druck im Schädel, manchmal Sprachstörungen?«

»Ja.«

»Haben Sie Haustiere?«

»Ja, einen Hund und zwei Katzen.«

»Alles klar, dann könnten Sie zerebrale Sparganose haben, verursacht durch einen Plattwurm, den Sie sich bei Ihren Tieren geholt haben, der wandert durch den Körper und lässt sich eben auch manchmal im Gehirn nieder und kann, je nach Aktivität, Demenz, Intelligenzverlust und alles Mögliche verursachen.« »Gibt es Medikamente dagegen?«

»Nein, das muss operiert werden, der zusammengerollte Wurm wird beim Röntgen oft für einen Tumor gehalten, aber bei der Öffnung des Schädels sieht man es dann. Hoffentlich.«

Der Sozial-Nosophobiker wirkt eher tröstlich und sagt Dinge wie: »Die Albany-Studie von 1988 zeigt, Männer mit zehn Kilo Übergewicht leben länger als Idealgewichtige. Das ganze Konzept der Ernährungsberatung ist fragwürdig. Ein Mensch, der jeden Bissen unter den Aspekten vermeintlich gesunder Ernährung dreißigmal zerkaut, ist wie einer, der Sex in erster Linie unter orthopädischen Gesichtspunkten sieht und seine Wirbelsäule entlasten möchte.«

Abnehmen ist evolutionsmäßig unerwünscht. Fortpflanzung funktioniert nur oberhalb eines bestimmten Gewichts.

Bei vielen Rohköstlerinnen, Hochleistungssportlerinnen und Models bleibt die Regel aus. Festklammern an jedem Gramm ist Überlebensstrategie. Die moderne Überflussgesellschaft existiert noch nicht mal hundert Jahre und auch nur für einen kleinen Teil der Weltbevölkerung. Aus evolutionärer Sicht kein Anlass, die Strategie zu ändern. Der Körper reagiert bei gedrosselter Nahrungszufuhr anders, als wir das gerne hätten: Er senkt den Grundumsatz, nutzt die Nahrung besser aus und steigert die Esslust. Das Sterberisiko bei Männern steigt erst an, wenn sie mindestens 25 Prozent über dem sogenannten Normalgewicht liegen.

Ein Candle-Light-Dinner mit einem nosophoben Mann auf dem letzten Stand medizinischen Wissens kann für die Tischdame zu einem unvergesslichen Erlebnis werden.

»Wussten Sie, dass im Kampf gegen chronischen Durchfall Ärzte den Patienten die Darmbakterien gesunder Spender einpflanzen? Die Kacke wird mit Kochsalzlösung verquirlt, und 0,2 Liter Flüssigkeit werden durch ein biegsames Darmrohr verabreicht. Erfolgsquote 90 Prozent.«

So etwas lässt keine medizinischem Wissen aufgeschlossene Frau kalt, und ich lege dann auf Wunsch gern nach mit: »Man findet auch im Spülstein mehr Bakterien als in der Kloschüssel, also ich wasch jetzt den Salat nicht mehr im Spülstein.«

Auch beim fast todsicher erfolgenden Liebesspiel wird der Sozial-Nosophobiker eigene Wege gehen, auch mal die Milz der Partnerin stimulieren, oder die Galle, einfach weil er weiß, wo diese Organe sind. Beim Nachspiel empfehle ich Fragen zu erörtern wie: Kann der Penis den Fötus verletzen, oder ist es eher umgekehrt?

Handy-Mandy

»Magst du vielleicht der Großmutter Kuchen und Wein vorbeibringen?«

»Gern, Mama, lass mich nur die Matheaufgabe noch zu Ende machen, obwohl die furchtbar schwer ist, vielleicht kannst du mir helfen?«

»Ja klar, um was geht es denn?«

»Ein Handy wiegt 200 Gramm plus die Hälfte seines Gesamtgewichts. Wie viel wiegt das Handy?«

»Ach Schatz, mit Handys kenne ich mich so gar nicht aus.«

»Schade, na, dann geh ich jetzt zur Oma«

Das Mädchen setzte sich seine rote Mütze auf, schulterte den Rucksack mit den Sachen für die Oma und machte sich auf den Weg zur U-Bahn-Station. Sie hatte vergessen, ihre Schülerkarte rechtzeitig zu verlängern, und nun überlegte sie, ob sie die 1,90 Euro für die Kurzstrecke latzen oder es drauf ankommen lassen sollte. *No risk, no fun*, dachte der Rotschopf, der die rote Mütze trug, um die roten Haare zu verbergen, die sie scheußlich fand. In der U-Bahn kam zwar kein Kontrolleur, aber ein professioneller Schnorrer. Er hatte sich das Gesicht weiß angemalt, dazu ein Chaplin-Bärtchen, trug auch einen entsprechenden Hut und ein verlegenes Lächeln und hielt den Leuten einen laminierten Zettel hin: Bin arbeitslos, habe 3 Kinder, die Kleinste hat Krebs.

Raffiniert, dachte Mandy, auf diese Weise umgeht er ein Gespräch, weil die Leute doppelt verunsichert sind: Das

Kostüm verleiht ihm ein künstlerisches Flair, der Zettel legt die Vermutung nah, dass er vielleicht taubstumm ist, und dann noch der Krebs. Also sagte Mandy: »Hey Bro, gute Aufmachung, du kriegst einen Euro, wenn du eine Matheaufgabe löst!« In den Augen des Schnorrers erschien so etwas wie Panik, und er ging schnell weiter.

Zehn Minuten später stand sie vor der Türe der Großmutter. Sie klingelte. Nichts. Sie klingelte wieder. Merkwürdig, dachte Mandy. Sie griff unter die Fußmatte, wo, wie sie wusste, ein Zweitschlüssel lag, damit sie oder die Mutter für den Fall, dass Oma krank war, in die Wohnung konnten. Ein Wunder, dass hier noch nie eingebrochen worden ist, dachte Mandy, fand die Wohnung leer vor und setzte erst mal Kaffee auf. Da wird die Oma sich freuen, wenn sie zurückkommt, wenn sie zu ihrem Kuchen eine Tasse Kaffee bekommt.

Wenig später hörte Mandy, wie die Wohnungstür geöffnet wurde. Sie erkannte Omas Stimme, die sich höchst angeregt mit einem fremden Mann unterhielt. Mandy stutzte und ging in den Flur. Was sie sah, verschlug ihr den Atem. Da stand Oma über die Kommode gebeugt, der Mann hatte ihr den Rock hochgeschoben und …

»Mandy«, sagte Oma, »das ist ja eine Überraschung, darf ich dir Herrn Wolf vorstellen?«

»Angenehm«, sagte Mandy, »ich bin die Mandy und brauche Hilfe bei einer Matheaufgabe.«

»Ich helfe gern«, sagte der Mann, »aber immer in der richtigen Reihenfolge, du kannst aber zugucken, wenn du magst.«

»Danke, aber ich decke in der Zeit den Kaffeetisch … und Sie die Oma …«, sagte Mandy und verschwand in der Küche.

Herr Wolf kam mit einem kurzen Aufheulen und gleich danach in die Küche. Mandy hörte Oma rufen: »Ich mach mich mal frisch«, während Herr Wolf über den Kuchen herfiel. »So, und jetzt zu meiner Matheaufgabe: Ein Handy wiegt 200 Gramm und die Hälfte seines Gesamtgewichts, wie viel wiegt es?«

»Okay, Handy-Mandy, ich darf dich doch so nennen? Das Handy wiegt 400 Gramm.« – »Wieso?«

»Wenn 200 Gramm die Hälfte des Gesamtgewichts sind, und 200 plus 200 400 ergeben, ist das wohl die Lösung. Und was kriege ich jetzt dafür?«

»Noch ein Stück Kuchen«, sagte Mandy und lächelte spitzbübisch. Und allen Gendersensibelchen muss ich leider sagen: Spitzbübisch lässt sich nicht gendern, denn spitzmädelisch klingt einfach scheiße.

Männertag

Vor einiger Zeit an einem 13. November schrieb die *BZ*: Heute ist internationaler Männertag.

Der Artikel zu Ehren des Mannes war überschrieben mit: »Alles, was Ihr Mann über Sex wissen muss.«

Nach meinem Verständnis wäre so ein Artikel am Weltfrauentag am Platze, der bekanntlich seit 1911 am 8. März begangen wird.

Statt zu sagen, wo heute das Bier besonders billig ist, oder meinetwegen das Benzin, wird dem Mann unterstellt, dass er im Bett ein Dumpfdödel ist und der Anleitung bedarf, aber nicht etwa, damit es für ihn schöner wird, sondern für die Frau. »Sorgen Sie für ein langes Vorspiel, damit Frauen beim Sex besser zum Orgasmus kommen. Etwa 20 Minuten.«

Gut, das meiste kannte ich, aber nicht alles. Da empfiehlt der Autor: In einen Nylonstrumpf drei Knoten machen und um den Penisansatz wickeln. So hält die Erektion besser, die Knoten stimulieren die Frau. Wie jetzt, optisch? Schon allein die Vorstellung, wie dämlich mein Penis mit einem Nylonstrumpf mit drei Knoten aussieht, macht eine Erektion sehr unwahrscheinlich. Außerdem trage ich keine Nylonstrümpfe. Wenn ich diesen heißen Tipp praktisch umsetzen will, muss ich also sagen: »Sekunde, Liebes, wo hast du deine Strumpfhose, die bräuchte ich mal kurz, und hast du vielleicht eine Schere?« Und soll ich dann die drei Knoten mit reinschieben, oder was? Gut, nächster Knaller: Die Vagina reagiert sehr empfindlich auf Zucker. Ich dachte natürlich sofort an Diabetes. Aber nein: Sexspielereien mit Schlagsahne oder Nutella, nur außerhalb, sonst droht eine Infektion. Heißt außerhalb im Freien, oder meint er außerhalb der Vagina? Gibt es im Bekanntenkreis dieses Autors tatsächlich Männer, die vor seinen mahnenden Worten ihren Partnerinnen mit Sprühsahne zu Leibe rückten oder Nuss-Nougat-Creme in den Intimbereich gelöffelt haben? Und wenn ja, wozu?

Da fällt mir doch dieser sehr alte Witz ein, wo ein Kumpel dem anderen Liebestipps gibt und sagt: Mach dir mal eine Ananasscheibe aus der Dose auf den Dödel und lass das deine Frau wegknabbern, das ist mal geil. Sagt der andere, mach ich, kauft zwei Dosen Ananas. Am nächsten Tag treffen sie sich wieder. Und? Du, ich hab mir zwölf Scheiben draufgemacht, dann noch schön Sahne und obendrauf 'ne Amarenakirsche, das sah so lecker aus, das hab ich alles selbst gefressen.

Einen einzigen wirklich sinnvollen, aber realitätsfernen Ratschlag gab es in dem Artikel: Kein Geplapper. Vereinbaren Sie, im Bett nicht zu sprechen. Dieser Autor ist entweder noch Jungfrau, katholischer Geistlicher oder schwul oder alles drei. Zwischen zwei Jungs mag das funktionieren, aber einer Frau im Bett den Mund zu verbieten, das möchte ich mal sehen. Frauen wollen bei allem reden, also natürlich auch beim Sex. Männer natürlich nicht. Ich kann nicht ein Gefühl fühlen und parallel über es quatschen. Ich habe alle Ganglienknoten, Neurotransmitter und Synapsen voll zu tun, es zu fühlen!

Und ich wüsste ehrlich gesagt auch nicht, was ich sagen sollte, gut, ich könnte wahllos ein paar Informationen streuen: Mein rechtes Bein ist eingeschlafen, mein linker Hoden ist eingeklemmt, ich habe Hunger, wollen wir eine Pizza bestellen, aber das ist nicht die Ebene, auf der eine Frau beim Sex kommunizieren will.

Eine Frau sagt, während der Mann konzentriert vor sich hin pumpt: Es ist so schön, dich in mir zu spüren.

Was soll ich jetzt sagen? Soso, oder: Wer hätte das gedacht? Na guck mal einer an, oder: Dann genieß es mal, mehr wird's nicht.

Mir ist schon klar, dass sie jetzt ein Gegenkompliment erwartet, aber so einfach ist das nicht, ich bin Schriftsteller, da müsste ich erst mal an den Laptop, ich muss die Sachen geschrieben vor mir sehen. Ist es besser zu sagen, ja, ich finde es auch toll, mich in dir zu spüren, aber ist das nicht ein bisschen ichbezogen? Sollte man nicht besser sagen: Ja, ich finde es auch schön, dich um mich herum zu spüren? Schwierig. Am schlimmsten sind ja diese direkten Fragen: Woran denkst du jetzt? Ich kann doch nicht sagen: Kennst du nicht.

Jetzt wollen wir mal das Kind im Bad lassen

Theo hatte Janine vor einiger Zeit im Supermarkt kennengelernt. Beim Obst. Und just dieser Supermarkt hatte gerade einen jungen, zackigen Filialleiter bekommen, der seinem Personal imponieren wollte. Jedenfalls hörte Theo ihn sagen: »Hallo, Sie haben gerade eine grüne Traube abgepflückt und gegessen, das ist streng genommen Ladendiebstahl, ich könnte Sie jetzt also anzeigen!« Janine sah den Filialleiter so an, dass ihm ein wenig Schweiß ausbrach, und sagte: »Jetzt wollen wir mal das Kind im Bad lassen.«

Das war auch etwas, was Theo immer wieder dahinschmelzen ließ: Janines Angewohnheit, bekannte Redewendungen untereinander auszutauschen, also statt »Jetzt wollen wir mal die Kirche im Dorf lassen« sagte sie: »Jetzt wollen wir mal das Kind im Bad lassen.« Man hätte auch annehmen können, sie wüsste es nicht besser, aber Theo wusste es natürlich besser: Janine studierte Germanistik und war erfolgreiche Bloggerin. Und sie fuhr fort: »Sie müssen mir vor einer Anzeige schon die Gelegenheit geben, die verzehrte Ware zu bezahlen. Wir werden also eine einzelne Traube etwa der Größe, wie ich sie verzehrt habe, wiegen und dann ihren Warenwert ermitteln. Wenn also ein Kilo Trauben 3,45 Euro kosten, kostet 1 Gramm 0,345 Cent, nehmen wir an, die Traube, und es war ja eine recht kleine, wog 5 Gramm oder sagen wir 8 Gramm, ich will mich ja nicht auf Kosten des Einzelhandels bereichern, können Sie mir

2,8 Cent berechnen, und das ist bereits aufgerundet, ich biete Ihnen aber um des lieben Friedens willen 3 Cent an. Was sagen Sie dazu?«

Janine hatte dem jungen forschen Filialleiter nicht nur eine Traube, sondern auch sämtlichen Schneid abgekauft. Er transpirierte jetzt jahreszeitlich unangemessen, straffte aber seinen leptosomen Körper und sagte: »Dann darf ich Sie jetzt bitten, mir an die Kasse zu folgen.«

»Gemach, oder Zimmer, wie ich auch gern sage, mein Einkauf ist ja noch nicht abgeschlossen. Ich lass es heute mal krachen und werde noch eine Kirsche, eine Erdbeere, ein Radieschen, eine Cherrytomate sowie jeweils eine Para- und eine Walnuss probieren, Sie machen sich am besten Notizen, nicht dass wir da am Ende noch was vergessen.«

»Das reicht jetzt, ich mache von meinem Hausrecht Gebrauch und fordere Sie auf, die Filiale zu verlassen!«

In diesem Moment mischte sich Theo ein und sagte: »Entschuldigen Sie, Herr Filialleiter, ich habe mitbekommen, dass Sie juristisch schwer auf Zack sind und man Ihnen keine Vier für eine Acht vormachen kann.« Theo versicherte sich mit einem schmachtenden Seitenblick, dass Janine sein semantisches Ranschleimen wohlwollend zur Kenntnis genommen hatte, und fuhr fort: »Sie führen ja auch Zeitungen, und ich habe eben einen Artikel im *Stern* gelesen, etwa sechs Minuten lang, fallen da jetzt Kosten für mich an?«

Der Filialleiter schaute ihn mit leeren Augen an und sagte: »Grundsätzlich dürfen Sie etwas lesen, solange Sie die Zeitungen nicht beschädigen, Seiten rausreißen, Eselsohren reinmachen oder Ähnliches. In dem Fall müssten Sie sie kaufen.«

»Was ist denn, wenn ich eine Zeitung finde, in die jemand anders ein Eselsohr gemacht hat, kriege ich die dann billiger?«

In diesem Moment hörte man eine Durchsage: »Filialleiter bitte zu Kasse 2.« »Entschuldigen Sie mich, ich muss gehen, und es wäre schön, wenn Sie beide das auch täten!«

An der Kasse angelangt, erfuhr der sichtlich gealterte junge Filialleiter, dass ein Kunde mit einem Fünfhunderteuroschein zahlen wollte, den die Kassiererin weisungsgemäß nicht annehmen mochte. Der Filialleiter sagte: »Der Händler darf die Annahme dieser Scheine verweigern, wenn die Bezahlung mit einem solchen Schein in einem Missverhältnis zum Kaufpreis steht. In einem solchen Fall kann der Kunde nämlich nicht erwarten, dass der Händler genügend Wechselgeld in der Kasse hat.«

»Ich habe für 285 Euro 37 Delikatessen und Wein gekauft, und Sie reden hier von Missverhältnis? Jetzt hören Sie gut zu, ich bin nämlich Jurist. Der Schein ist angemessen, und im Gesetzestext heißt es: Wichtig ist nur, dass die Händler die Kunden von der Einschränkung sichtbar in Kenntnis setzen. Sehe ich hier irgendwo ein Schild: Wir bitten um Ihr Verständnis, dass wir keine Fünfhunderteuroscheine annehmen? Also sehen Sie jetzt schleunigst zu, dass Sie sich Wechselgeld besorgen ...«

In diesem Moment rief Janine: »Ich könnte Ihnen den Fünfhunderter in zwei Zweihunderter und einen Hunderter wechseln, hab mir extra großes Geld besorgt, bevor ich Trauben verkosten gehe!«

Theo war auch noch da: »Könnten Sie mich vorlassen, ich hab's eilig. Ich hab auch nur die *Bildzeitung*, die hat aber ein Eselsohr, kann man da was am Preis machen?«

Abends saßen die Angestellten mit Theo, Janine und dem Juristen zusammen, stießen auf die gelungene Aktion an und berieten über weitere erzieherische Maßnahmen für den Filialleiter.

Mein erstes Haustier

Mein erstes Haustier war ein *Carassius gibelio forma auratus*, ein Goldfisch. Vor tausend Jahren in China durch Zuchtselektion entstanden, ist er das älteste bekannte Haustier, das nur so zum Angucken gehalten wird. Ich habe mal aus einer Möhre einen Goldfisch geschnitzt, gegen den echten ausgetauscht und als meine Mutter reinkam, den Möhrenfisch aus dem Aquarium geholt und gefressen. Meine Mutter war tagelang sauer. Frauen mögen so was nicht. Frauen können die rüdesten Actionstreifen gucken mit Hunderten von gefolterten, zermatschten, explodierenden Männern, aber wehe ein Hund verstaucht sich ein Füßchen, da ist der Tag aber gelaufen.

Letztens sah ich einen Film über Blauwale. Der Blauwal ist das bei Weitem größte Tier, das je gelebt hat. Oft erreicht er eine Länge von bis zu dreiunddreißig Metern. Ein Herz von der Größe eines Kleinwagens lässt zehn Tonnen Blut durch seinen Körper zirkulieren. Er hat einen drei Meter langen Penis, und das ist noch klein, denn er schwimmt ja in sehr kaltem Wasser. Und jetzt kommt's. Wissen Sie, wie Blauwale den Liebesakt vollziehen? Die beiden betroffenen Tiere schwimmen etwa zwei Kilometer auseinander, quasi als Vorspiel. Dann drehen sie sich um, schwimmen mit einem Affenzahn aufeinander zu, und wenn sie sich erreicht haben, heben sie sich Leib an Leib bis zu fast zwei Dritteln ihrer Körperlänge aus dem Wasser, und im Aufsteigen versucht das Blauwalmännchen zu putten, wie wir Golfer sagen. Wahnsinn, ich könnte das nicht! Zwei

Kilometer schwimmen! Und dann im Aufsteigen putten, da hätte ich doch viel zu viel Angst um meine Walnüsse! Und bei all dem ist der Blauwal völlig ungefährlich, ernährt sich von Plankton, kleinen Meeresorganismen, die er mit seinen Barten aus dem Wasser filtert.

Ganz anders der Hai. Wobei die Gefahr stark übertrieben wird. Es sterben mehr Menschen durch herunterfallende Kokosnüsse als durch Haiangriffe, und an Land ist es noch krasser. Und vor allem sterben sehr viel mehr Haie durch Menschen als umgekehrt. Angler sagen ja gern, der Fisch merkt den Haken nicht. Ob Haieltern das umgekehrt ihren Kindern auch sagen? »Die Menschen spüren das gar nicht, wenn wir sie fressen.«

Mein Lieblingshaiwitz lässt das zumindest offen: Zwei große weiße Haie, Vater und Sohn, kommen an einer Schiffsunfallstelle an, ein Kreuzfahrtschiff ist gesunken, das Meer voller Fahrgäste, die verzweifelt rumpaddeln. Der Vater Hai sagt: »Erst mal schwimmen wir nur so um sie rum und zeigen unsere gefürchtete Rückenflosse.« Das machen sie. Der Sohn sagt: »So, Papa, jetzt schnappen wir uns aber einen, den Dicken da zum Beispiel, ich hab so Hunger.« »Geduld mein Sohn, jetzt schwimmen wir durch sie durch und stupsen sie so ein bisschen an.« Das machen sie. Der Kleine sagt: »Papa, ich hab Schmacht, was soll denn das mit Flosse zeigen und anstupsen?« – »Sohn, sie schmecken einfach besser, wenn die ganze Scheiße raus ist.«

Manna-Hamm-Hamm

Ich bin Vorstandsvorsitzender eines großen Unternehmens, unser Gewinn nach Steuern betrug vorletztes Jahr 43 Millionen Euro, kurz gesagt: Ich bin ein erfolgreicher Mann. Aber auch ich stoße an Grenzen.

Manchmal gehe ich meiner Frau bei ihren hausfraulichen Pflichten zur Hand. Heute Morgen habe ich eine Hartwurst von ihrer ausgesprochen resistenten Pelle befreit, was nur stückweise gelang, die Pellenreste lagen auf dem Frühstückstisch, ich hätte sie gerne entfernt, wusste aber nicht, wie. Beim ersten Versuch, sie mit der rechten Hand über den Tischrand zu schieben, wo sie dann in die dort lauernde linke fallen würden, hatte ich bereits eine gefüllte Tasse Kaffee sowie das Milchkännchen umgeworfen. Meine Frau eilte mir zu Hilfe, allerdings, wie ich einschränkend bemerken möchte, nach Fertigstellung des Rühreis. Ob die küchenhandwerkliche Perfektion einer gewöhnlichen Eierspeise gegenüber der Demonstration partnerschaftlicher Solidarität nicht nachrangig ist, lasse ich jetzt mal offen.

Die Eintrübung des Klimas am Frühstückstisch war jedenfalls spürbar, das Gespräch kam nur stockend in Gang: »Was machst du heute?«

»Ich setze mich in den Stadtpark und probiere ein paar Aquarellstudien. Vielleicht gehe ich aber auch zum Friseur. Und du?«

»Ich habe um elf eine Telefonkonferenz, um zwölf ein Kickoff, dann Mittagessen mit Bärlein aus der Buchhaltung, der hat ein Problem, danach muss ich mit Fieseler golfen und dann vielleicht ins Hammam.«

»Und wollen wir nach dem Hammam Hammhamm machen?«

»Julia, du weißt, dass ich es auf den Tod nicht leiden kann, wenn du albern wirst.«

»Du nennst es albern, ich nenne es lustig. Ist die Welt nicht bunt und schön?« »Julia, hast du getrunken?«

»Nein, aber das ist eine ganz hervorragende Idee, du auch einen Sekt, Schnuckiputz?«

»Julia, bist du bei Sinnen, Alkohol über Tag, ich bin …«

»… Vorstandsvorsitzender, ich weiß, aber wenn du hörst, was ich dir zu sagen habe, wirst du eine Ausnahme machen wollen. Ich bin schwanger!«

»Wie schön für dich … bitte was? Seit wann und wieso?«

»Ich habe die Pille abgesetzt, und wenn es dann zum Verkehr kommt und man einen der fünf fruchtbaren Tage im Monat erwischt, schafft es possibly ein Spermatozoon, eine weibliche Eizelle …«

»Die biologischen Fakten sind mir bekannt, aber dann müsstest du im elften Monat sein, denn an deinem Geburtstag hatte ich das letzte Mal GV mit dir!« »Richtig, du hattest das letzte Mal GV mit mir am 11. Juli vergangenen Jahres, aber am 8. April diesen Jahres …«

»Entschuldige Julia, es heißt dieses Jahres, die Jungfrau Maria ist ja auch nicht die Mutter diesen Kindes, sondern dieses Kindes, dessen Vater der Heilige Geist ist. Darf ich fragen, wer es in deinem Falle ist?«

»Der Teufel.«

»Gisela, was ist in dich gefahren …«

»Der Teufel, sag ich doch!«

»Das heißt, du wirst ein gehörntes Kind mit einem Schwanz und Hufen zur Welt bringen, Gisela, hast du irgendwelche Substanzen …«

»Einen Schwanz wird das Kind haben, Hufe und Hörnchen sind auf dem Ultraschall bis jetzt nicht zu erkennen.«

»Gisela, mein Zeitfenster für dieses Gespräch schließt sich gerade, ich erwähnte die Telefonkonferenz mit unserem schärfsten Konkurrenten um elf Uhr schon …«

»Dessen Vorstandsvorsitzender noch mal wie heißt?«

»Teufel, Robert Teufel … Julia?«

»Jobst Leonhardt?«

»Du bist schwanger von meinem schärfsten Konkurrenten?«

»So kann man es nicht ausdrücken, denn sexuell macht ihr euch ja keine Konkurrenz, da ist Robert praktisch alleine tätig …«

»Weiß er es schon?«

»Was, dass wir nicht mehr vö …«

»Gisela, ich meine die Schwangerschaft!«

»Ja, und er will mich heiraten, nachdem wir beide geschieden sind, und er wird dir in der Telefonkonferenz ein Übernahmeangebot machen.«

»Für dich?«

»Und für die Firma, es ist sozusagen eine Komplettübernahme.«

Ich holte wortlos meine Walther PPK aus der Schublade und erschoss mich. Wohlgemerkt, nur mich, obwohl ich ein großer Verehrer Heinrich von Kleists bin, der bekanntlich erst seine Frau und dann sich erschoss. Ich würde ihn gern mal fragen, wie sich das angefühlt hat. Was heißt würde, ich frage ihn einfach, ich treff' ihn nämlich gleich, im Himmels-Hammam. Und dann machen wir Hammhamm. Mannahammhamm.

Mein Weg zur Musik

Diesen Beitrag habe ich mal für eine Musikzeitung geschrieben, finde ihn aber einigermaßen amüsant, und außerdem ist jedes Wort wahr.

Die Liebesgeschichte zwischen der Musik und mir ist wohl etwas einseitig. Will sagen: Die Musik erwidert meine Liebe nicht, zumindest nicht in der Form außergewöhnlicher Fähigkeiten auf einem Instrument. Beim Singen sieht es etwas besser aus, aber gehen wir chronologisch vor. Die erste 78er-Schellackplatte, die meine Eltern mir auf meinen dringenden Wunsch und weil ich gerade mit einer Mittelohrentzündung daniederlag, kauften, war »Revolver-Jim aus Texas«, gesungen vom Cornel-Trio.

Ich dudelte die Scheibe, bis meine Eltern auch Ohrenschmerzen hatten. Aber da lernte ich, dass Lieder auch Comedyelemente haben können. Dann sang sich Freddy mit »Heimweh« in mein Herz, und ich bemühte mich mit meinem Kindersopran, seinen Männergesang zu imitieren.

Es gilt festzuhalten, dass das keine Parodie war, sondern Nachahmung aus tiefer Verehrung heraus, das sind meine Parodien eigentlich bis auf den heutigen Tag, ich würde mir nicht die Mühe machen, mir jemandes Stimme zu erarbeiten, den ich nicht mag. Und ich habe schon immer gute Stimmen gemocht, Crooner im Grunde, und die weiblichen Pendants.

Deswegen war ich nie der große Stones- oder Beatles-Fan, ich mochte neben Freddy Wolfgang Sauer und Gerhard Wendland, später natürlich Elvis, die Everly Brothers, die Righteous Brothers, Matt Monro, Elton John, Bonnie Raitt, Lulu, diese ganze Schiene.

Dann wollte ich Geige lernen, aber das erlaubte mein Vater nicht, mit dem Argument, ich solle nicht wie er – er war Barkeeper in Aachens bester Striptease-Bar – in einem Nachtberuf landen. Was ja astrein geklappt hat. Also lernte ich bei Frau Lange Blockflöte und begleitete einige Jahre an Heiligabend unsere einzige Weihnachtsplatte – A- und B-Seite –, bis endlich Bescherung war.

Zurück zum Singen: Mit zwölf oder dreizehn brachte ich mein erstes Mädchenherz zum Schmelzen mit einer A-cappella-Version von Peter Steffens »Daddy's kleine Melodie«. Damals hat mein Unterbewusstsein wohl gespeichert: Singen ist dein Ding.

Auf dem Gymnasium wurde der Wunsch, Gitarre spielen zu können, immer drängender, denn ich wollte meinen Gesang selbst begleiten können. Immerhin gab es einen Klassenkameraden, der eine E-Gitarre und einen Schaller Verstärker besaß. Den besuchte ich immer, und wir arbeiteten uns durch das Repertoire der Everly Brothers. So lernte ich, die zweite Stimme zu singen. Mit ihm und einem Kollegen, der gleichfalls sang und Gitarre spielte, machten wir privat auch Beatmusik, ich saß an einem selbst gebauten Schlagzeug.

In diese Zeit fällt mein erster öffentlicher Auftritt als Gastsänger in einer Band von amerikanischen Gastschülern auf einem Schülerball. Ich sang »Wild Thing« von den Troggs und »Jack the Ripper« von Casey Jones & The Governors. Unser Schuldirektor war eigentlich entsetzt, attestierte mir aber in einem bis heute auf Tonband erhaltenem Interview parodistische und komödiantische Fähigkeiten.

Und es gab klasseninterne Kulturtreffs bei einem Mitschüler, der Saxophon in einer Jazzband spielte. Wir diskutierten über Lyrik und hörten Jazz. Bei dieser Gelegenheit verliebte ich mich in »Blues For George« von Klaus Doldinger und Gert Westphals »Heinrich Heine. Lyrik und Jazz« mit der Musik von Attila Zoller. Damit war die Liebe zum Jazz besiegelt. Die klassische Musik wurde mir durch die Bemühungen unserer Musiklehrer leider auf Jahre verleidet, aber das habe ich später systematisch nachgeholt, Genre für Genre und Komponist für Komponist. Nur zur Oper habe ich immer noch keinen Zugang, ich finde es einfach nicht logisch, dass jemand, der gerade stirbt, vorher noch eine halbe Stunde singt. Aber wer weiß?

Bei der Bundeswehr lernte ich endlich Gitarre, und mit ihr kam das klassische Folkrepertoire, Dylan, Donovan, Cat Stevens, Gordon Lightfoot, Jim Croce, bis dann Ulrich Roski und Schobert & Black in mein Leben traten und mir zeigten, dass es noch ein bisschen geiler ist, wenn die Leute deinen Gesang nicht nur mögen, sondern auch noch darüber lachen. Damit fing eigentlich alles an, beruflich jetzt, privat habe ich mittlerweile sogar gelernt, zu meinem und wohlgemerkt nur meinem Vergnügen, auf dem Klavier herumzustümpern und selbst die olle Blockflöte war nicht ganz umsonst, denn die Logik der Griffe ist dieselbe wie beim Saxophon, und das bereitet mir seit Jahren auch sehr viel Freude. Aber das Aller-aller-schönste ist ein geiler Song, den man wirklich liebt, vorzugsweise Country, mehrstimmig gesungen, und man ist dabei. Dafür lasse ich jede (perfekte) Pizza stehen, und das will was heißen.

Mein Reisetagebuch

Mein Name ist Lipski, Jay Vernon Donovan Lipski, abgekürzt J. v. d. L. Ich bin promovierter Philosoph, vielfach sportlich interessiert, aber auch finanziell abgesichert, sodass ich durch die Welt reisen und die Dinge auf mich zukommen lassen kann. Normalerweise bin ich um diese Jahreszeit in Acapulco, das in den 1990er-Jahren seinen Ruf als Tourismushochburg durch zunehmende Gewaltkriminalität und Umweltverschmutzung verspielt hat, aber wir Klippenspringer treffen uns immer noch gern bei den Klippen La Quebrada, wo es aus circa 35 Metern Höhe in die Wellen des Pazifiks geht. Es gibt nur zwei Sorten Klippenspringer: Die guten und das weiße Zeug auf den Felsen, alter Springerscherz, ich gehöre zu den besten.

Aber jetzt war ich gerade in Australien zum Speed Tracking, eine Fallschirmspringerdisziplin, bei der es darum geht, im freien Fall die höchste Geschwindigkeit zu erreichen. Man springt aus circa 5500 Metern aus dem Flugzeug und öffnet den Fallschirm 20 Sekunden vor dem Boden. Die Kunst ist zu wissen, wann diese 20 Sekunden anfangen. In der Zwischenzeit versucht man, möglichst schnell zu fallen, idealerweise im 45-Grad-Winkel. Ein irrer Kick, sage ich euch. Und ich bin ehrlich: Die ersten drei Male habe ich mich eingeschissen. Seitdem jage ich meinen eigenen Rekord von 288 Stundenkilometern.

Gerade kamen wir aus einem australischen Sternelokal und hatten unter anderem grüne Ameisen probiert, große Biester, die bis zu einem Zentimeter lang werden. Man nimmt zwei oder drei, quetscht sie tot und isst sie. Sie haben viel Säure, aber anders als Limone oder Essig, und der Geschmack bleibt lange im Mund. Meine Begleiterin nahm ihn noch wahr, als sie mich beim Verlassen des Ladens intensiv küsste. Ich wurde sofort wieder scharf, obwohl wir uns erst vor anderthalb Stunden dreimal geliebt hatten. Sie hat übrigens bei der Fellatio einen tollen Trick drauf: Sie summt dabei, die Vibrationen im Lümmel sind der Hammer. Schwer zu beschreiben, muss man erlebt haben.

Jedenfalls gingen wir die Straße lang, ich humpelte ein bisschen wegen meiner Semi-Erektion, da sah ich Ärger auf uns zukommen. Drei abgerissene Typen, zwei hatten die Hände in den Taschen, also warteten wahlweise Messer oder Schlagring auf mich, der dritte trug einen Baseballschläger auf der linken Schulter. Es ist wichtig, solche Dinge zu registrieren, ein Linkshänder schlägt anders zu als ein Rechtshänder. Dieses Wissen macht im Streetfight den Unterschied. Ich sagte zu Vivian: »Keine Angst, überlass alles mir, ich bin Krav-Maga-Champion, du weißt schon, diese israelische Mischkampftechnik, hast du noch eine Frage?« Sie meinte: »Glaubst du eigentlich an einen allmächtigen, gütigen Gott, der der Urgrund für alles ist?«

»Das sind zwei Fragen. Fangen wir mit dem Urgrund an, manchmal auch Selbstursächlichkeit genannt. Das Problem bei diesem Denkmodell ist, dass sich Ursache und Wirkung nicht unterscheiden. Das ist vor allem ein zeitliches Problem, da die Ursache ja vor der Wirkung da sein muss. Das heißt, Gott hätte sich selbst erschaffen, und dann geht es von vorn los: Wer hat dann den Gott erschaffen, der Gott erschaffen hat. Die zweite Frage ist ein philosophischer Gassenhauer: Wenn Gott alles Elend der Welt zulässt, ist er entweder nicht allmächtig oder nicht allgütig.«

In diesem Moment waren die drei Burschen nur noch eine Armlänge entfernt, und der mit dem Baseballschläger sagte mit überraschend hoher Stimme: »Hey Leute, wir wollen keinen Stress, nur die Kohle, den Schmuck, die Handys und jeder einen Blowjob von der Süßen.« Vivian sagte: »Super, ich dachte schon, heute fragt mich keiner mehr, los Jungs, packt aus, und ich fange mit dem Kleinsten an!« Und siehe da: Keiner wollte den Anfang machen, und so wurde es doch noch ein ruhiger Abend.

Mein Gernhardt

Als großer Lyrikfan möchte ich eines meiner absoluten Lieblingsgedichte interpretieren, »Ein Gleichnis« von Robert Gernhardt, unserem viel zu früh verstorbenen Poetitan, wie ich ihn immer nenne. Nun könnte man sagen: Braucht kein Mensch. Das Gedicht wird jedem etwas anderes sagen, wer will da wissen, was es mir sagt? Vielleicht keiner, noch nicht, aber wenn Sie die folgenden Zeilen erst gelesen haben, werden Sie denken: Ich wüsste nicht, wie ich ohne diese geniale Interpretation weiterleben sollte, ich werde sie zusammen mit dem Gedicht auswendig lernen.

Das Gleichnis

Wie wenn da einer und er hielte
ein frühgereiftes Kind, das schielte,
hoch in den Himmel und er bäte:
»Du hörst jetzt auf den Namen Käthe!« –
Wär' dieser nicht dem Elch vergleichbar,
der tief im Sumpf und unerreichbar
nach Wurzeln, Halmen, Stauden sucht
und dabei stumm den Tag verflucht,
an dem er dieser Erde Licht …
Nein? Nicht vergleichbar? Na, dann nicht!

»Das Gleichnis« ist das erste Gedicht eines Bandes, dem der Dichter folgende vier Zeilen voranstellt: »Viel ist schon getan, mehr bleibt noch zu tun, sprach der Wasserhahn zu dem Wasserhuhn.«

Man könnte also von einer Phase sprechen, in der Tiere im geistigen Kosmos Gernhardts eine gewisse Rolle spielten, tatsächlich trifft das nur insoweit zu, als sie zur gezielten Irreführung dienen, denn das Wasserhuhn ist natürlich jedem geläufig als Bewohner des Tieflandes mit Kleingewässern, es wird auch Teichhuhn genannt, hat allerdings mit Hühnern nichts am Hut, es gehört zur Familie der Rallen und heißt eigentlich Teichralle. Der Wasserhahn hingegen wird von vielen einzig mit einer Vorrichtung zum Öffnen und Schließen von Wasserleitungen assoziiert, tatsächlich ist aber auch er ein Vogel, hört auf den wissenschaftlichen Namen *Gallicrex cinerea* und findet sich von Indien bis Japan und in ganz Südostasien, auf den Malediven zum Beispiel heißt er Kulhee Kukulhu.

Betrachten wir nun das Tier, in dem es im vorliegenden Gedicht geht, den Elch (*Alces alces*): Er kommt in Nordeuropa, Asien und Nordamerika vor, wo er seen- und sumpfreiche Habitate bevorzugt. In der Tat ernährt er sich vegetarisch, wie der Dichter richtig sagt. Aber wäre es nicht einen Gedanken wert gewesen, dass der Elch zu den Wiederkäuern (Ruminantia) gehört?

Der Name kommt bekanntlich daher, dass diese Unterordnung der Paarhufer in der Lage ist, in Ruhephasen vorverdauten Nahrungsbrei hochzuwürgen und nochmals zu zerkauen. Der damit verbundene Angriff aufs Ozonloch war natürlich zur Entstehungszeit des Werkes kein Thema. Auch die entfernte Verwandtschaft zum Wal hätte interessant sein können, der sich vor circa fünfzig Millionen Jahren, wie Sie wissen, zur Zeit des mittleren Eozäns aus Verwandten der Huftiere entwickelte, als sein nächster lebender Verwandter gilt das Flusspferd, ein Paarhufer, wie der Elch, also Tiere, die durch eine gerade Anzahl von Zehen (zwei oder vier) charakterisiert sind.

Aber Gernhardt verzichtet auf dieses Füllhorn von Materialien, es geht ihm offensichtlich nicht um den Elch als solchen, er stellt vielmehr die Möglichkeit eines Vergleichs des Königs der Sumpfwälder mit einem Vater in den Raum, dessen frühreife Tochter an Strabismus leidet, einer fehlerhaften Koordination der Augen, sodass beim Blick in die Ferne die beiden Seeachsen nicht parallel stehen. Von diesem erblich bedingten Leiden sind etwa 3 bis 5 Prozent der Bevölkerung betroffen.

Dieses Mädchen, es mag zehn oder zwölf Jahre alt sein, ist offensichtlich ungetauft, wir befinden uns also scheint's nicht in katholischen Hochburgen wie Bayern oder dem Rheinland, unstrittig aber in Deutschland, denn der Vater hebt, wie es heißt, sein Kind hoch in den Himmel und bittet: »Du hörst jetzt auf den Namen Käthe!« Ist das eine kühne und genialische Verkürzung, und die Bitte richtet sich an den Schöpfer, er möge doch in einer Art Lufttaufe, die so im christlichen Ritus nicht existiert, die Koseform von Katharina als Namen des Kindes akzeptieren? Oder richtet sich die Bitte an das Kind, das vielleicht nicht nur schielt, sondern auch schwerhörig ist und deshalb bislang nicht auf den Namen Käthe hörte? Wie auch immer: Wir konstatieren eine unerhörte Spannung zwischen dem Verbum bitten und dem darauffolgenden imperativischen »Du hörst jetzt …« Es hätte auch heißen können: … und er droht: »Du hörst jetzt auf den Namen Lot!«

Mit Recht jedoch hat Robert Gernhardt sich für seine Formulierung entschieden. Nun ist der Name Käthe nur hier heimisch, im Gegensatz zum Elch, den wir, wie schon gesagt, in

Nordeuropa, Asien und Nordamerika zu verorten haben. In Schweden heißt kein Mädchen Käthe. Annika ja, auch Cecilia, Siv, Ingegerd, Gunilla oder Inger, niemals aber Käthe. Und folgerichtig teilt uns die letzte Zeile des Gedichts lapidar mit, dass Elch und Vater nicht vergleichbar sind.

Eine gewaltige gedankliche Kraftanstrengung implodiert am Ende, man muss unwillkürlich an den Sozialismus denken, der zur Entstehungszeit des Gedichts ja für sehr viele deutsche Intellektuelle ideologische Heimstatt war. Und so ist das gescheiterte Gleichnis am Ende womöglich ein Gleichnis für das Scheitern als solches, das ja als Damoklesschwert über unserem ganzen Leben hängt, das ja am Ende auch immer scheitert.

Erlebnisorientierte Gastronomie

Kellner: Guten Abend, die Herrschaften, Sie hatten reserviert?

Er: Ja, auf den Namen Müller-Kent.

Kellner: Müllerkind?

Er: Nein, Müller-Kent, es ist ein Doppelname.

Kellner: Müllerkent, da gibt es aber sicher jede Menge Hörfehler, oder?

Er: Nein, eigentlich nicht.

Kellner: Ich finde Ihren Namen aber trotzdem nicht, sind Sie sicher, dass der Termin stimmt?

Er: Sehr sicher, meine Sekretärin ist unfehlbar. Vielleicht hat sie für Generaldirektor Dr. Dr. Müller-Kent reserviert?

Kellner: Nein, auch nicht.

Er: Hören Sie, wir haben uns sehr auf diesen Abend gefreut, ist denn da gar nichts zu machen?

Kellner: Mal schauen … wie ich sehe, haben wir gar keine Reservierungen heute Abend, Sie können sich also einen Tisch aussuchen, vielleicht den da, da hab ich's nicht so weit von der Küche.

Er: Wir würden den Tisch da hinten in der Nische vorziehen.

Kellner: Wie Sie meinen, dann sind die Sachen eben kalt, wenn ich sie bringe, bin nicht mehr so gut zu Fuß, steifes Bein, Kriegsverletzung.

Er: Was für ein Krieg denn, waren Sie in Afghanistan?

Kellner: Nein, aber irgendwo ist doch immer Krieg.

Er: Bringen Sie uns erst mal zwei Gläser Taittinger.

Kellner: Sehr wohl. Was ist das noch mal?

Er: Champagner, sagen Sie mal, wollen Sie mich veräppeln?

Kellner: Wie käme ich dazu, ich arbeite nur normalerweise im Baumarkt und bin die Urlaubsvertretung.

Inzwischen hat sich das Restaurant schlagartig gefüllt. Der Kellner kommt mit zwei Gläsern.

Kellner: So, Ihr Sekt, Prösterchen, was wird noch mal gefeiert, wenn ich fragen darf, Volljährigkeit der Tochter?

Er: Das geht Sie, mit Verlaub, einen feuchten Kehricht an, und wer sind diese ganzen Leute plötzlich?

K: Das ist eine Reisegruppe aus der Mongolei, Düsseldorf hat ja eine Städtepartnerschaft mit Ulan-Bator, und die schauen dann ab und zu vorbei.

Er: Was ist die Spezialität des Hauses?

Kellner: Och wissen Sie, das ist alles sehr speziell hier, aber das Tagesangebot ist ein halber Meter grobe Bratwurst mit Kartoffelpü und Erbsen und Möhrchen, aber ich bringe Ihnen auch gern die Karte, wenn Sie wollen.

Er: Der Champagner ist ja warm!

Kellner: Ja, der Kühlschrank ist kaputt, das habe ich vergessen, Ihnen zu sagen, deshalb kosten alle Fischgerichte nur die Hälfte, sind echte Schnäppchen bei, zwölf Austern für sechs Euro! Interessiert?

In diesem Moment tritt ein indischer Mitbürger mit einem Strauß Nelken an den Tisch: Wolle Rose kaufe?

Er: Danke nein, wir sind verheiratet.

Rosenverkäufer: Gern, wie viele Rose?

Der Lärmpegel ist durch die mongolischen Gäste mittlerweile beträchtlich angestiegen, sodass die Verständigung schwierig wird.

Plötzlich beginnen alle Mongolen zu singen, während ein fahrbarer riesiger Grill hereingerollt wird, über dem ein sehr großes Spanferkel hängt. Die Rauchentwicklung ist so beträchtlich, dass die Sprinkleranlage aktiviert wird, alle Mongolen verlassen kreischend das Lokal, unser Pärchen in der Ecke bleibt trocken, macht aber ebenfalls Anstalten zu gehen.

Kellner: Sie wollen schon zahlen?

Er: Nein, auf keinen Fall, wir wollen nur weg hier.

Kellner: Das macht dann vierundzwanzig Euro vierzig für zwei Gläser Champagner.

Er: Sie ticken doch wohl nicht richtig, ich zahle nicht für zwei lauwarme Gläser Billigsekt inklusive Rauchvergiftung …

In diesem Moment stürmen zwei Maskierte mit Pistolen in den Gastraum und brüllen: Alle auf den Boden, Brieftaschen raus und Hände in den Nacken!

Herr Müller-Kent und seine Begleitung werfen sich hurtig zu Boden, er legt seine Brieftasche vor sich ab.

Räuber: Das Portemonnaie auch, Bruder, und die Dame die Handtasche.

Die beiden Räuber verschwinden mit ihrer Beute.

Kellner: Gut, dass Sie nicht rumgezickt haben, ich kenne die beiden, die haben auch schon mal meinen Baumarkt besucht. Darf ich Ihnen auf den Schreck das Tagesangebot zum halben Preis reichen? Oder den Fisch, der muss wie gesagt weg, da könnte ich auch was am Preis machen.

Er: Zu gütig, aber da wir gerade ausgeraubt wurden, kann ich mir Ihr Tagesangebot nicht leisten, wir würden es daher vorziehen zu …

In diesem Moment betritt ein bekannter Fernsehkoch das Restaurant und ruft:

Herzlich willkommen in Rubins Stressrestaurant, der ultimativen Erlebnisgastronomie-Sensation. Ihre Belegschaft, lieber Herr Dr. Dr. Müller-Kent, hat Sie anlässlich Ihres sechzigsten Geburtstags zu mir eingeladen. Das innovative Konzept besteht darin, dass der Adrenalinspiegel ein paarmal bis zum Anschlag hochgefahren wird, die anschließende Entspannungs- und Genussphase wird deswegen sehr viel intensiver wahrgenommen.

Herr Müller-Kent griff sich ans Herz und kippte um. Da er sich trotz guten Zuredens nicht wieder erhob, wurde der Notarzt gerufen, der einen leichten Herzinfarkt konstatierte und ihn ins Krankenhaus verfrachten ließ. Seine Sekretärin nahm die Einladung der Belegschaft an und verbrachte einen lustigen Abend mit dem Fernsehkoch. Das tröstete diesen ein wenig über die Tatsache hinweg, dass er sein innovatives Konzept wohl nicht weiterverfolgen würde.

Men-Stripper beim Hochamt

Schadenfreude ist ein ganz wichtiges Moment in der Comedy, so gut wie jeder sieht das gern, wir haben damals für *Donnerlippchen* selber solche Filme gedreht, und daher weiß ich, wie schwierig und fehleranfällig das ist, und es ist ja auch alles schon da gewesen, und deshalb werden die Situationen immer komplizierter, wobei die einfachen viel schöner sind. Ich denke mir aus Spaß immer noch gerne solche Filme aus. Und die haben alle keine Chance, realisiert zu werden.

Zum Beispiel dieser:

Hochamt, voll besetzte Kirche, schön mit Weihrauch und allem Pipapo, und der Priester ist ein Men-Stripper und legt irgendwann los. Die Gesichter der alten Damen in den ersten Reihen könnten meinen dritten Grimme-Preis bedeuten. Oder der hier:

Deutsche Bahn. Ganz simpel, man braucht nur eine Kamera und einen Lautsprecher auf dem Klo und einen Helfer, der dem Sprecher Bescheid sagt, jetzt geht einer aufs Klo. Dann wartet man, bis das Opfer auf der Edelstahlschüssel thront und losdonnert, und dann heißt es aus dem Lautsprecher: Achtung, eine Durchsage: Bitte verlassen Sie umgehend die Bordtoilette in Wagen 14. Aufgrund einer technischen Störung wird sich in zehn Sekunden die Sprinkleranlage einschalten.

Die Bilder, die Sie jetzt im Kopf schon sehen, werden Sie lange nicht rauskriegen, und jedes Mal, wenn Sie Zug fahren, sind sie wieder da.

Auch schön oder noch einfacher: Achtung eine Durchsage für die Toilette in Wagen 11. Sie werden gerade für die *Versteckte Kamera* aufgezeichnet. Wenn Sie mit der Ausstrahlung nicht einverstanden sind, wenden Sie sich bitte an den Zugbegleiter. Und das ist natürlich Guido Cantz, der mit dem Opfer einen leidenschaftlichen Dialog über den Schutz der Privatsphäre führt. Und wenn Sie nicht gerne Zug fahren, tut's auch eine einfache Kneipentoilette für Herrn. Sie brauchen nur einen arglosen Pinkler, zum Beispiel Dennis Scheck, den sympathischen Humor- und Krimi-Fan. Also: Handyvideo auf Aufnahme, Pinkelbereich betreten, und jetzt kraftvoll in eine leistungsstarke Fußballfanfare blasen. Und raus. Und ab mit dem Film ins Internet.

Nur Pech

Kennen Sie das? Sie organisieren irgendwas, und es geht schief. Essen bestellen bei Lieferando: Sie bestellen Pizza Hawaii, was kommt: Zweimal gebratenes Hühnerfleisch mit Reis und extra 23. Oder: Ich hab Zahnschmerzen, rufe meinen Zahnarzt an, sagt eine Stimme am Telefon: Die Praxis ist aus persönlichen Gründen bis zum Soundsovielten geschlossen, in dringenden Fällen wenden Sie sich an die Sowieso-Klinik.

Nun bin ich bei Ärzten eigen, habe mir also Schmerztabletten gekauft und ausgehalten, bis mein Zahnarzt wieder da war, ruf an, will einen Termin machen, sind die Schmerzen weg. Oder auch Punktesammeln im Supermarkt. Da hatten se so ein schönes chinesisches Kochmesser, die normalerweise immer sehr teuer sind, aber die ganzen Spitzenköche haben so was, wollte ich also auch, die Aktion sollte bis zum 23. Oktober gehen.

Nun hatten wir aber schon den 15. September, da musste ich also ganz schön Umsatz machen, um auf die Punkte zu kommen, hab also für Hunderte von Euro Sachen gekauft, wovon ich dann die Hälfte weggeschmissen habe, habe tatsächlich am 20. die Punkte zusammen, will mein Messer haben, sagt die Frau an der Kasse, tut mir leid, gestern ist das letzte Messer weggegangen, die waren sehr beliebt, Sie können aber jetzt ein hochwertiges Pfannenset haben, sind allerdings fünfzig Punkte mehr.

Aber das tollste Ding war letztens: Ich hatte bei einer Reinigungsfirma eine Putzkraft bestellt, die mal wieder Grund in meine Bude bringen sollte. Sie kommt, sehr hübsches Mädchen, ich helfe ihr aus dem Mantel, da stand se auf einmal da nur in Slip und Turnschuhe.

Ich sach: »Wollen Sie auch einen Schnaps auf den Schreck?«

»Wat fürn Schreck«, sacht se, »sehen die Dinger so schlimm aus?«

Ich sach »nee«, sach ich, »ganz im Gegenteil, ich rede ja auch von ein freudigen Schreck.«

Dann ham wer ein Schnäpperken getrunken, und dann hat sich rausgestellt, dat die Putzagentur dat verwechselt hatte. Bei mir sollte normal geputzt werden, und die hatten aber eine für zum Nacktputzen geschickt.

Dann hab ich gesacht, »ja und jetzt? Geputzt werden muss ja schließlich!«

Hat se so, wie se war, geputzt, aber ich durfte nich mehr gucken, weil et ja andere Tarife sind.

Mode

Mode ist aus finanziellen Beweggründen erzeugter Stress. Nehmen Sie mich: schwarze Hose, schwarzes T-Shirt, Hawaiihemd. Fertig. Da braucht man auch nur zwei, denn die Farben und Motive merkt sich sowieso keiner.

Sich ständig überlegen: Was zieh ich an? Was soll das? Welchen Mann interessiert es, jetzt mal ernsthaft, was ein anderer Mann trägt? Nur Frauen bekommen einen Weinkrampf, weil eine andere im gleichen Kleid bei der Goldenen Kamera aufschlägt. Das ist übrigens der Grund, warum so wenig Frauen sich zur Bundeswehr melden. Weil alle dieselben Klamotten anhaben. So könnte man im Krieg ein weibliches Bataillon motivieren: Wir haben einen Funkspruch des Feindes entschlüsselt. Die sagen, ihr seht in euren Kampfanzügen fett aus.

Shoppen ist der blanke Horror, denn es gibt zwei Arten Verkäuferinnen, die eine will verkaufen und sagt: »Das finde ich sehr schick an Ihnen, die Farbe steht Ihnen auch.«

»Ja, aber ich kriege das Sakko nicht zu!«

»Das trägt man sowieso offen.«

»Mag ja sein, aber ich möchte es zumindest theoretisch schließen können.«

»Wenn Sie meinen …«

Die anderen wollen Sie demütigen:

»Das ist ein schönes T-Shirt, haben Sie das in XXXL?«

»Nein, diese Linie gibt es nur bis XXL, und das ist halt körpernah geschnitten, unsere Kundschaft möchte das so.«

Und wenn einem dann doch mal was gefällt und auch passt, kommt das dicke Ende: »Was soll der Schaden kosten?«

»Die Weste kommt auf 285 Euro.«

»Bitte?«

Ja, das ist doch, und dann kommt der Name irgendeiner Firma in einem Ton, wie man ihn Schwachsinnigen gegenüber anschlägt beziehungsweise zerebral Herausgeforderten. Wo auf der Metaebene mitschwingt: Wenn du Kretin keine Ahnung von Haute Couture hast, was stiehlst du mir dann hier die Zeit?

Warum tragen wir nicht alle dasselbe? In jedem Science-Fiction-Film, der eine andere intelligente Spezies zeigt, die weiterentwickelt ist als wir, tragen die dasselbe, meist etwas silbern oder bläulich Schimmerndes mit einem geometrischen Motiv auf der Brust. Also warum sich den Stress weiter antun?

Und wenn man teure Klamotten hat, dann wird man auch so unentspannt, wenn da mal was drankommt: Ich hatte einst eine teure Lederjacke, mit der bin ich in den Regen gekommen, und da blieben Wasserflecken, auch als sie trocken war. Physikalisch hochinteressant. Ich damit in die Reinigung, da sagten die: »Da können wir nichts machen, Wasser ruiniert Leder.« Und ich sagte: »Bitte? Was ist mit den Kühen, wenn es regnet? Klopfen die dann beim Bauern und sagen, lass uns rein, es regnet, unser Kleidchen wird ruiniert?«

Und diese Einkaufsmalls unterscheiden sich ja nur marginal voneinander. In Berlin gibt es Malls, die sind nur wenige Schritte voneinander entfernt, haben aber dieselben Geschäfte, Saturn oder Media Markt, Rossmann, Tchibo und so weiter. Entweder die Planer haben keinen Plan, oder sie setzen voll auf die demografische Entwicklung, immer mehr alte Kunden mit

Demenz. Trinken bei Tchibo Kaffee, kaufen bei Rossmann Windeln, gehen in die nächste Mall, sagen, »oh, guck mal, ein Rossmann, toll, wollte sowieso Windeln kaufen und anschließend trinken wir bei Tchibo schön Kaffee.«

Tote Hose

Gestern klingelt es. Ich mache auf und sehe eine Unterhose. Sonst nichts. Die Unterhose ist eine normale schwarze mit angeschnittenem Bein von Tchibo und sitzt da, wo man eine Unterhose so sitzen hat als Mann mittlerer Größe. Ich halte für mich fest: Wenn da ein Mann ist, sehe ich ihn nicht. Ich sage: »Falls die Frage kommen sollte: Ja, ich bin erstaunt. Was liegt an?«

»Kann ich mal telefonieren? Ich habe mich eben ausgeschlossen.«

»Das scheint mir aber nicht Ihr einziges Problem zu sein, Sie sind unsichtbar.« »Wieso das denn? Sie sehen mich doch, ich trage eine schwarze, erst zweimal getragene Tchibo-Unterhose. Sie tragen eine Schießer-Feinripp mit Eingriff, das ist ja so was von retro!«

In diesem Moment öffnet sich die Tür gegenüber, und meine Nachbarin tritt in den Flur, in der einen Hand einen Müllbeutel, in der anderen Hand eine Einkaufstasche. Ich sage: »Guten Morgen, Frau Juskowiak!«

»Guten Morgen, äh, Sie wissen schon, dass da ein nackter Mann vor Ihnen steht?«

»Ich sehe nur eine schwarze Herrenunterhose.«

»Die würde ich auch vorziehen, aber ich sehe einen nackten Mann mit einem verpickelten behaarten Arsch … oh Gott!«

Ich sage: »Eins verstehe ich nicht: Wieso sehen wir voneinander nur die Unterhosen, Frau Juskowiak sieht Sie aber nackt? Oder sehen Sie mich auch nackt?«

»Nein, Sie tragen einen alten Bademantel mit Eiflecken auf der Brust.«

»Nun, das ist doch ganz einfach: Nur die, die Unterhosen tragen, sehen die anderen Unterhosen ohne den Träger, wer keine trägt, sieht den Träger nackt ohne Unterhose.«

»Mit anderen Worten: Frau Juskowiak trägt keine Unterhose?«

»Und keinen BH.«

»Und wenn ich jetzt meine Unterhose ausziehen würde, würde ich Frau Juskowiak nackt sehen?«

»Was ist denn das für ein sexistisches Gefasel, ich rufe jetzt die Polizei und zeige Sie beide wegen sexueller Belästigung an!«

Die war innerhalb von zwei Minuten da, der Polizist trug eine Unterhose, die Polizistin nicht.

Abends, nach dem Tennis, vor dem Bier im Hallenrestaurant ließ ich nach dem Duschen beim Anziehen die Unterhose weg und siehe da: Alle sahen ganz normal aus. Nur mein Tennispartner sagte: »Alles in Ordnung bei dir?« »Wieso?«

»Du hast beim Anziehen deine Unterhose vergessen!«

»Ja, wollte mal gucken, wie sich das anfühlt.«

»Und?«

»Scheiße.«

Als ich nach Hause kam, stand Frau Juskowiak da und wartete auf den Aufzug. Kein schöner Anblick, ich habe aber nichts gesagt. Es stellte sich dann raus, dass dieser Effekt bei einer extrem seltenen Gestirnskonstellation vorkommt, die es nur alle zweitausend Jahre gibt und zwei Wochen anhält, deswegen findet man auch in der Literatur nichts. Da muss man dann gucken, dass man nicht in der Zeit eine FKK-Kreuzfahrt gebucht hat, das wäre dann rausgeschmissenes Geld.

Paderborn und die Presse

Liebes Tagebuch

Am 9. November 2018 trat ich in Begleitung eines Magen-Darm-Virus in der Paderborner Paderhalle mit meinem Bühnenprogramm »Voll fett« auf, wies eingangs noch darauf hin, dass es zu Unterbrechungen kommen könnte, musste mich dann auch in der zweiten Hälfte lautstark hinter der Bühne übergeben, was ein veritabler Lacher war, konnte die Show aber zu Ende bringen, im Gegensatz zum Tag darauf, wo der Kreislauf sagte: Nicht mit mir, Freundchen, sodass ich nach der ersten Halbzeit aufgeben musste.

Naiv, wie ich bin, erwartete ich dann schon eine Pressewürdigung wie: »Knallharter Greis bringt trotz Darmvirus Halle zum Toben« oder »Kurz gekotzt, und doch geklotzt – Deutschlands größter Comedian nicht kleinzukriegen« oder »Publikum lag flach, Lippe stand wie eine 1 trotz Virus.«

Aber was las ich am 12. November in der *Neuen Westfälischen*?

»Freitag und Samstag flutete der gebürtige Ostwestfale insgesamt 1600 Menschen mit platten Sprüchen, geschmäcklerischen Pointen und aufgewärmten Kalauern. Jürgen von der Lippe ließ die feinnervige Satire links liegen und stürzte sich stattdessen auf schnelle wie durchsichtige Scherze aus der Kategorie ›infantiler Herrenwitz‹.«

Im Zuge der Altersmilde, die mich fest im Griff hat, habe ich mir erst mal Sorgen um den Autor gemacht, weil da sprachlich doch so einiges im Argen liegt: geschmäcklerisch bedeutet übertriebene (ästhetische) Ansprüche stellend; einen besonders erlesenen Geschmack habend. Damit kann nur eine Person gemeint sein, keine Pointe. Als Kalauer bezeichnet man ein einfaches Wortspiel mit Wörtern unterschiedlicher Bedeutung von gleichem Klang oder gleicher Schreibweise. Beispiel: »Ich habe mir in Rom die Sixtinische Kapelle angesehen!« – »Ja, kenne ich, die sind toll, besonders der Sänger.«

Gags dieser Art kommen im Programm nicht vor, können also auch nicht aufgewärmt sein. Feinnervig heißt sensibel, empfindlich, mimosenhaft, ist also auch ein Adjektiv, das man nur für Menschen verwendet und nicht für die Satire, und der infantile Herrenwitz ist ein sogenanntes Oxymoron, eine Contradictio in Adjecto, ein schwarzer Schimmel, ein Widerspruch in sich selbst, denn der Herrenwitz ist laut Duden ein derber, frivoler Witz, der üblicherweise erzählt wird, wenn Männer unter sich sind, infantil dagegen ist kindlich.

Da wollte ich dann doch wissen, wer hat das geschrieben, ein zorniger junger Migrant, der seit Kurzem erst Deutsch lernt? Aber nein, es ist: Dietmar Gröbing, Fotograf. Auf seiner Website lässt er uns wissen, dass er auf der Suche nach experimentierfreudigen, verlässlichen Models mit Charisma ist, beim Shooten Wert auf Emotion und Ausdruck legt. Seine Aufnahmebereiche sind unter anderem Dessous, Akt, Bademode, Teilakt, Fetisch.

Oha, die *Neue Westfälische* lässt ihre Kritiken von einem Fetischfotografen schreiben, das ist mal schräg! Aber dann lese ich: Außerdem bietet Dietmar Gröbing an: Hochwertige und fundierte Texte über nahezu jedes Themengebiet. Aha, schau'n wir mal.

Seine Texte findet man leicht, er hat jeden noch so kleinen

Artikel, manchmal ist es auch nur ein Foto, ins Netz gestellt, zum Beispiel:

»Lunapark eröffnet Kirmessaison in Paderborn

Ab dem 21. April locken 53 Schausteller auf den Maspernplatz.«

Ich zitiere auszugsweise: »Imbiss- und Ausschankgeschäfte, Verlosungen, Ausspielungen, Schießwagen und Süßwarenverkauf runden das familienfreundliche Kirmesbild ab. Am Freitag, 27. April, findet mit Beginn der Dunkelheit ein Feuerwerk statt.«

Normalerweise beginnt die Dunkelheit nicht, sie bricht herein. Aber das Beste sind die Schießwagen! Zwei Möglichkeiten: Der Mann weiß wirklich nicht, dass es Schießbude heißt, oder er wollte eigentlich Scheißwagen schreiben als hippes Synonym für Toilettenwagen.

Zurück zu der Besprechung meines Auftritts: »Gleiches gilt für Lippes Ausführungen zum Thema Furzen, die in epischer Breite darlegten, wie und wo Männer und Frauen flatulieren. Demnach furzen Frauen bevorzugt ›leise und bei öffentlichen Anlässen‹, während es Männer ›laut und meist im Bett‹ tun.«

Toll, hier wird eine kunstvolle, dialogisch aufgebaute komische Stelle mit verschiedenen Fallhöhen auf den nackten Informationsgehalt reduziert, damit sie auch ganz bestimmt unwitzig wirkt. Ich möchte diese Technik an einem kurzen Witz verdeutlichen: »Seid ihr Zwillinge?« – »Nein, warum fragen Sie?« – »Weil die Mama euch ganz gleich angezogen hat.« – »So, jetzt reicht's! Fahrzeugpapiere und Führerschein bitte!«

Den würde der Fetischfotograf so nacherzählen: Ein Mann fragt zwei Polizisten, ob sie Zwillinge seien, was er auf Nachfrage damit begründet, dass sie gleich angezogen seien, woraufhin seine Papiere kontrolliert werden. Vielleicht tue ich ihm aber auch bitter unrecht, und er hat die Stelle einfach nicht verstanden, es wäre nicht die einzige. So empfehle ich im Programm, im Alter von Fremdgehversuchen abzusehen, weil es meist in einer Blamage endet. Dann frage ich einen Mann in der ersten Reihe: »Sind Sie schon mal beim Sex eingeschlafen?« Egal, was er sagt, fahre ich fort mit: »Ist eigentlich gar nicht schlimm. Wach werden ist blöd.«

FF schreibt: »Hier ist vom schnarchenden Gatten die Rede, der mal wieder seine eheliche Pflicht nicht erfüllt hat.« Und fährt fort: »Unwesentlich gelungener erwies sich der Ausflug des 70-Jährigen in Richtung Jugendsprache.«

»Als unwesentlich gelungener« muss es heißen, und dann kommt er nach ein paar Beispielen zu einem überraschenden Ende. 70 Prozent des Abends bleiben unerwähnt, ebenso die widrigen Umstände und nicht zuletzt die Tatsache, dass die Leute am Schluss tobten.

Sicher musste FF noch zu einem anderen Termin, Teilakte oder Fetische fotografieren.

Ich war etwas ratlos. Kirmesankündigungen und Besprechungen von Komikern liegen ihm irgendwie nicht. Ich suche also weiter.

FF über einen Elvis-Imitator:

»Mit auffallend extrovertiertem Gestus und neckischem Hüftschwung führte Carsten Keber die späte Hochphase der Elvis-Presley-Karriere vor. Folglich ließ der aus Schloss Neuhaus stammende Keber den King der 70er-Jahre auferstehen.«

Wieso folglich? Wenn ich hier folglich verwenden will, muss ich so was sagen wie: Folglich hatte er sich dreißig Kilo Übergewicht angefressen.

»Musiktitel und Habitus, die den Mann aus Memphis

unsterblich gemacht haben, wurden von Carsten Keber weniger kopiert denn zitiert. Daher gelang Keber eher eine Verbeugung als eine Kopie. Ganz einfach, indem er die bekannte Hülle Presleys mit Persönlichkeit und seine ebenso bekannte Stimme mit Inhalt füllte.« Was immer dieser Mann nimmt, es müsste strengstens verboten sein.

Noch mal: Ich bin nicht nachtragend, ich will nur wissen, warum beschäftigt Ostwestfalen-Lippes auflagenstärkste Tageszeitung einen Mann, den ich nicht mal ein Stoppschild texten ließe? Nächster Versuch:

»Am Donnerstag gastierte Ronja von Rönne in der Paderborner Kulturkneipe ›Wohlsein‹. Dem zumeist studentischen Klientel …« Es heißt »der zumeist studentischen Klientel«, das Wort ist weiblich. »… trug sie unter anderem aus ihrem Buch *Heute ist leider schlecht* vor. Die Festschrift gliedert sich in drei Sektionen. Die erste vereint Texturen, in denen Zweifel, Komplexe und Ängste der Autorin aufgefächert werden.«

Dass sie Festschriften verfasst, dürfte Ronja neu sein, und Textur hat mit »Text« nichts zu tun, ist ein Begriff aus der Geologie, bezeichnet aber auch beim Essen den unterschiedlichen Biss der verschiedenen Komponenten eines Gerichts. Gönnen wir uns abschließend noch die Beschreibung einer Country-Veranstaltung:

»Der erste Abendtermin auf dem Platz zwischen Rathaus und Abdinghof lockte immerhin 400 Neugierige an. Was bestätigte, dass die vielleicht amerikanischste aller Musikgattungen auch in Ostwestfalen ihre Berechtigung hat. Schließlich gibt es auch hier genügend Country-affine Neigungen …«, das ist wie der SAT.1 FilmFilm, den wir mal hatten, also Country-affine Neigungen, »… die nach Befriedigung dürsten. Die übernahmen …«, also die Befriedigung, meint er wohl, »… in diesem Fall sechs belgische Männer. Gesang und Instrumentengebrauch hatte das Sextett mitsamt eigener Komponierkunst verschmolzen und in einen abendfüllenden Gig überführt.« Sag mal, geht's noch? Ich sag doch auch nicht, ich gehe mitsamt meiner Frau ins Kino. Später erfahren wir noch, dass es bei dem Song »Money in the Bank« um »das schnöde Mammon« geht. Es heißt zwar das Mammut, aber der Mammon.

Resümee: FF erinnert mich an jemanden mit einem winzigen Glied, der nicht davon abzubringen ist, sich als Exhibitionist zu betätigen. Aber warum darf er damit in die Zeitung?

Vielleicht bin ich da einem ganz dicken Ding auf der Spur, einem Print-Krimi: Dietmar Gröbing, der Fetisch-, Akt- und Teilakt-Fotograf erpresst irgendwen, den Chefredakteur oder jemanden ganz oben. Der Deal könnte lauten: Du lässt mich weiter Scheiße schreiben, dafür stelle ich die Fotos, die ich von dir gemacht habe, nicht ins Netz. Ist aber natürlich nur eine Vermutung.

Sofas Welt

Ich bin manchmal als literarischer Ratgeber tätig, nicht professionell natürlich, einfach, weil es sich manchmal so ergibt. Letztens saß ich in einem Café, da setzte sich jemand zu mir und sagte: »Bitte helfen Sie mir. Ich bin so unglücklich! Dauernd sagen mir andere Menschen: Du bist so langweilig, bei allem, was du erzählst, könnte man einschlafen. Was mache ich falsch?«

Ich sagte: »Schau'n mer mal. Was haben Sie denn zuletzt erlebt, was Sie mir jetzt erzählen könnten?«

Und er: »Keine Ahnung, gestern hat meine Frau Linseneintopf gekocht.«

Und ich: »Das ist schon mal toll, aber eher statisch. Gab es in Ihrem Leben kürzlich mal eine lebhafte Geschichte, vielleicht verbunden mit Ortswechsel, Action, Streit womöglich?«

»Ja, wir brauchten eine neue Couch und sind also los, und gleich im ersten Möbelladen war eine Sitzgruppe mit Tisch im Angebot, die uns sehr gut gefiel. Wir haben dann überlegt, haben wir überhaupt genug Platz. Denn wir haben ja nur Platz für eine Couch mit einem Tischchen davor, und dann haben wir diese Sitzgruppe doch nicht gekauft.«

Ich sage: »Gar nicht schlecht, bis auf den Schluss, der lässt den Zuhörer unbefriedigt zurück. Aber bleiben wir bei dem Beispiel: Ein Ehepaar kauft eine Couch. Jetzt suchen wir uns zunächst mal ein Genre, in dem das Ganze spielt. So, und dann schreiben wir das als Filmszene. Mit einer kleinen Handlung,

Dialogen und einem hübschen Schluss, vielleicht sogar mit einer Identifikationsmöglichkeit für den einen oder anderen.«

Ich öffnete also ein neues Word-Dokument, und wir legten los, also ich legte los, und er nickte bloß ab und zu.

Meine Frau und ich wollten eine neue Couch kaufen. Oder besser gesagt: Meine Frau wollte eine neue Couch kaufen, und ich durfte dabei sein.

Wir gingen in das größte Möbelhaus am Platze, in dem es noch fertige Möbel gab, also solche, die man nicht selber zusammenbauen muss, und probierten Couches aus. Sagt man Couches? Oder vielleicht Käutsche? Fünfundzwanzig, vielleicht dreißig Käutsche. Ich bin ja der Ansicht, Couch ist Couch, kennze eine, kennze alle, aber Frauen sehen das oft weniger pragmatisch, ich musste also gefühlte fünfzigmal Probe sitzen, die Gespräche verliefen immer gleich: »Und, wie sitzt die sich?« Dazu hätte ich aus linguistischer Sicht einiges sagen können, aber ich beließ es bei: »Wie 'ne Couch sich so sitzt.«

Es wurde Abend, ich hatte unheimlich Lust auf ein Bier, kennen Sie das, du kannst an nichts anderes mehr denken als an Günther Jauch: Sie haben das dringende Bedürfnis, einen Hektar Regenwald zu retten, und dann sagt der Verkäufer: »Diese Couch können Sie mühelos mit einer Hand in ein Bett verwandeln.« Ich sage: »Ich kann jede Couch in ein Bett verwandeln, wenn ich genug saufe, und wenn ich dann noch weitersaufe, verwandelt sich die Couch auch noch in eine Toilette.« Überflüssig zu erwähnen, dass ich den Tag auf unserer alten Couch schlief.

Mein neuer Freund sagte: »Super, das wäre mir natürlich nie eingefallen.«

Ich sagte: »Natürlich nicht, deswegen haben Sie mich ja auch angesprochen.« Aber jetzt war ich ein bisschen angefixt und sagte: »Und jetzt erzählen wir die Geschichte noch mal, aber anders, vielleicht als Märchen.«

Er sagte: »Au ja, mein Lieblingsmärchen ist …«

Ich sagte: »Jetzt nicht, jetzt bleiben wir mal bei der Couch.«

Es war einmal ein Pärchen, das sich sehr liebte, aber sie waren arm und hatten kein Bett, nicht einmal ein Sofa. Also gingen sie in eine Einkaufspassage, zogen sich aus und liebten sich nach allen Regeln der Kunst auf dem kalten gefliesten Boden. Augenzeugen alarmierten die Polizei, die das Paar darüber aufklärte, dass es mit einem Bußgeld von 80 bis 100 Euro pro Kopf rechnen müsse. Armes Deutschland.

Zwei Menschen wohnen einander bei, wie die Bibel es formuliert, und Unbeteiligte holen die Polizei. In einem Land, dem Kinder bitter nötig täten. Warum gibt es nur Denunzianten und keine guten Menschen, die Decken holen oder so ein Gästebett aus der Fernsehwerbung, das sich in zwei Minuten selber aufbläst, man kann auch ein Video mit dem Handy machen und später seinen Kindern sagen, vergesst das mit den Bienen und den Blumen, so geht's, man könnte lächelnd um die beiden herumstehen, La Ola machen, spontan Anfeuerungsgesänge erfinden wie ficke facke, ficke facke hoi hoi hoi, man könnte Wetten abschließen, wer zuerst kommt, man könnte natürlich auch mitmachen oder zumindest nett fragen, ob es genehm ist, aber nein, es kommt ja die Polizei und sagt, dass ein Bußgeld von 80 bis 100 Euro pro Kopf fällig wird! Und dann wäre schön, wenn das Pärchen sagen würde: »Was heißt das: 80 ist die Grundgebühr und dann 1 Euro für jede weitere Nummer? Scheiß drauf, wir haben um 500 Euro gewettet, dass wir hier in der Passage schrubbern …«

Und dann die Werbebotschaft: Auf einem Sofa von Möbel Müller vögeln Sie umsonst, so oft Sie wollen.

Mein Schützling war inzwischen gegangen, aber ich war nicht mehr zu halten. Der Werbegedanke ließ mich nicht mehr los. Vielleicht eröffne ich ein Möbelhaus, das nur Sofas führt, und zwar ganz spezielle Diätsofas. Der Clou: Ich beschäftige einen oder mehrere Hypnotiseure, die den Kunden nach dem Erwerb eines Sofas suggerieren, dass sie, sobald sie auf ihrer neuen Couch sitzen, keinen Appetit mehr haben. Wer 24 Stunden auf dieser Couch verbringt, hat schon mal ein Kilo runter. Toll, oder? Und das Beste: Jeden, der mir diese Idee klaut, verklage ich auf fünf Millionen.

Päpstin und Quotenpuff

Immer häufiger ertappe ich mich dabei, wie ich mir Dinge ausmale, die ich selber nicht mehr erleben werde, zum Beispiel eine Papstwahl, bei der die Hälfte der Kardinäle Frauen sind, was man schon daran sehen wird, dass nicht alle dieselben Kleidchen anhaben. Da wird man die eine oder andere gut erhaltene 70-Jährige nicht mehr im bodenlangen Lila, sondern im kniekurzen Grün erleben.

Getrunken wird nicht mehr nur Messwein, sondern Hugo oder Aperol Spritz beziehungsweise das, was in zwanzig oder fünfundzwanzig Jahren *in* sein wird. Und dann wird tatsächlich eine Frau gewählt, das fänd' ich gut. Und die erste Päpstin würde natürlich erst mal den Zölibat abschaffen, das Gebot der Ehelosigkeit, das heißt, unzählige Pfarrer-Haushälterinnen in aller Welt würden auf der Hochzeit bestehen, kirchlich natürlich und in Weiß.

Das fände die Gemeinde sicher sehr komisch. Und die Beichtzeiten müssten verlängert werden, denn bei einer Beichtmutter dauert so ein Gespräch mal locker zwei Stunden, denn die fragt ja ganz anders nach. Da aber Gleichberechtigung keine Einbahnstraße ist, würden sich nicht nur Kirchenämter für Frauen öffnen, sondern auch alle Bordelle für Männer, also als Dienstleistende.

Im Anbahnungsareal tummeln sich dann, sagen wir, je zwanzig gewerbetreibende Frauen und Männer und warten auf Kundinnen und Kunden. Und damit sie überhaupt voneinander zu unterscheiden sind, müsste man sich auf eine Art Uniform einigen, also Badekleidung oder Arztkittel mit nichts drunter. Ansonsten käme es zu Dialogen wie diesem:

Er: »Wie wäre es mit uns?«

Sie: »Sie verwechseln mich, ich bin Kundin.«

Er: »Entschuldigung, das konnte ich nicht wissen, Sie sehen richtig toll aus.«

Sie: »Kein Problem, ich hatte mir auch schon überlegt, ob ich Sie frage.«

Er: »Das interessiert mich jetzt aber doch, was hätten Sie für mich hingeblättert?«

Sie: »Ehe Sie übermütig werden, vermutlich weniger als Sie für mich.«

Er: »Vorschlag: Ich habe hier zwei Zettel und zwei Stifte, jeder schreibt die Summe, die er bezahlt hätte, hin, und dann vergleichen wir, schmeißen die Beträge zusammen und gehen erst mal davon essen und sehen schließlich weiter.

Und das machen sie dann und ziehen gemeinsam ab zu Burger King.

Natürlich gäbe es auch unliebsame Begegnungen in so einem Gemischtpuff:

Sie: »Schatz, was machst du denn hier?«

Er: »Das wollte ich dich auch gerade fragen.«

Sie: »Ich habe zuerst gefragt!«

Er: »Ich begleite einen Bekannten, der aus religiösen Gründen noch Jungfrau ist und Beistand bei der Erstbesteigung braucht. Und du?«

Sie: »Ich bin mit meinen Schülern hier, das haben die sich gewünscht, als Abifeier. Und wo ist dein Freund?«

Er: »Der wird, wie gesagt … ach da ist er schon, das ging ja schnell, hallo Herr Kaplan, hier bin ich!«

Und ich denke, wir werden am Samstagabend im Ersten, wenn es das dann noch gibt, ein *Wort zum Sonntag* wie dieses hören. Es spricht Pfarrerin Hüllenkremer:

»Hey Leute, ich bin die Cyndi, letztens haben mein Mann und ich uns einen Gangbang-Porno angesehen. Acht Frauen zogen sich einen Mann eine Stunde lang durch den Schritt und alles andere. Mein Mann hat ihn beneidet, mir hat er leidgetan. Und das ist es, was ich heute sagen wollte: Bei aller Gleichheit zwischen den Geschlechtern – es gibt kleine Unterschiede. Gute Nacht.«

Tagebuch eines Serienhelden

23.3.

Halleluja! Meine Agentin war auf meinem Festnetz-AB. Wenn ich das richtig verstanden habe, wollen die Amis mich für eine neue Serie, in der Außerirdische einen Ort im Wilden Westen von 1846 besuchen. Was ich spielen soll, steht noch nicht ganz fest, der Sheriff wäre natürlich geil. Gut, da müssten ein paar Kilo runter, aber egal.

24.3.

Na ja, die Serie soll in Babelsberg gedreht werden, die Außenaufnahmen in Kroatien, den Sheriff soll Ashton Kutcher spielen. Gut, wenn die so einen langen Lulatsch wollen, und ich finde ihn für so einen Westernhelden auch ein bisschen weichlich. Was soll's, ich bin wohl eher im Gespräch für einen der Außerirdischen, ist natürlich schon mal Kacke, wahrscheinlich werde ich grün angemalt oder kriege irgendeine Maske, sodass mich keiner erkennt. Was soll's, wenn die Gage stimmt.

25.3.

Ich muss mit Pia, meiner Agentin, wohl ein wirklich ernstes Wort reden. Die Amis sind mittlerweile raus, es ist jetzt eine europäische Gemeinschaftsproduktion, Deutschland, Holland, Belgien, der Regisseur ist ein Franzose, der natürlich kein Deutsch spricht. Da ich sowieso nur zwei Drehtage habe, ist das auch egal, aber 300 Euro am Tag ist echt beschissen. Pia meint, da müsste ich durch, wenn ich ein Bein ins internationale Geschäft kriegen will. Ein bisschen blöd ist, dass die Braut, die ich vorgestern abgeschleppt habe, jetzt dauernd fragt, wann der Film, wo ich den Sheriff spiele, in die Kinos kommt. Ein Glück, dass ich den Kaufvertrag für die Harley noch nicht unterschrieben habe. Ich soll übrigens, unmittelbar, nachdem ich mit dem Raumschiff notgelandet bin, ein paar Sätze in einer außerirdischen Sprache schreien und dann aufgehängt werden oder erschossen, das wussten sie noch nicht.

26.3.

Ashton Kutcher hat abgesagt, nachdem er das Drehbuch für die erste Folge gelesen hat. Jetzt sind sie an einem Holländer dran, den keine Sau kennt.

Hätte ich bloß meinen Eltern nichts erzählt. Mutter rief an und sagte, ihre Freundinnen wären wahnsinnig gespannt, der letzte deutsche Weltstar, der es auch in Amerika geschafft hätte, wäre ja Hardy Krüger gewesen, und jetzt wäre es wirklich langsam wieder an der Zeit. Gott sei Dank ist gestern eine Werbung reingekommen. Für Nasentropfen. Wenn's läuft, dann läuft's.

28.3.

Scheiße, sie haben meine Rolle gestrichen, angeblich, um Geld zu sparen.

28.5.

Ein neues Rollenangebot. Was heißt Angebot: Ich soll einen Vater spielen. Meint die Braut, die ich vor zwei Monaten kennengelernt habe.

The Power of Glove

Ich gehöre nicht zu den Eso-Freaks im Lande, aber seit Neuestem lasse ich über alles mit mir reden. Es begann damit, dass ich einen Wollhandschuh fand, vor einem Zeitungskiosk. Ein dunkelgrüner dünner Handschuh, nicht neu, aber gut erhalten. Ich weiß nicht, warum ich ihn mitnahm, aber ich tat es. Zu Hause wollte ich mir einen Tee kochen, aber irgendetwas zwang mich, den Handschuh anzuziehen, mir ein Blatt Papier und einen Bleistift zu nehmen und zu zeichnen. Nach nicht ganz zehn Minuten war das Bild fertig, ein weiblicher liegender Akt, so perfekt gemalt, dass ich es nicht glauben konnte, hatte ich doch in Kunst immer eine 5 gehabt. Nach zwei Stunden waren zwölf Frauenakte fertig, einer schöner und erotischer als der andere. Ich zeigte sie einem Galeristen, der sie mir geradezu aus den Händen riss. Überflüssig zu erwähnen, dass die Bilder innerhalb von zwei Tagen verkauft waren und der Galerist energisch auf Nachschlag drang.

Während ich mühelos Akt um Akt aufs Papier rotzte, beschäftigte mich nur eine Frage: Wo hatte die Kraftquelle ihren Sitz? War es der Wollhandschuh, der jeden x-Beliebigen in die Lage versetzte, betörende weibliche Akte zu malen, oder war ich es, der nur eines Mediums bedurfte, um meine Talente zu verwirklichen?

Die erste Möglichkeit ließ sich recht leicht überprüfen. Ich verabredete mich mit meinem alten Freund in einer Kneipe und bat ihn im Laufe des Abends, mir für ein Experiment zur

Verfügung zu stehen. Ich ließ ihn auf einem Block einen weiblichen Akt zeichnen. Er geriet erbärmlich. Wie ein Seelöwe mit Titten. Dann gab ich ihm den grünen Handschuh und ermunterte ihn, es noch einmal zu versuchen. Und er zeichnete die schönste Kuh, die ich je gesehen hatte. Und dann ging es Schlag auf Schlag, Hund, Katze, Maus, Löwe, Giraffe, Nilpferd, sogar die Qualle sah richtig nach was aus. Ich musste ihm den Handschuh fast mit Gewalt wegnehmen, dafür durfte er den Zeichenblock behalten.

Als Nächstes wollte ich den Handschuh an einer Frau testen. Ich lud eine alte Liebe zum Essen ein, bat sie nach dem Dessert, den Handschuh anzuziehen, gab ihr Block und Stift und sagte: »Und jetzt zeichne bitte, was dir als Erstes in den Sinn kommt.«

Sie sagte: »Da sind Zahlen, die ich ganz deutlich vor mir sehe, und die Hand mit dem Handschuh will sie unbedingt aufschreiben. Es sah aus wie Lottozahlen.« Ich sah auf die Uhr: Unglaublich, die Ziehung der Lottozahlen stand unmittelbar bevor. Ich holte mir rasch das erste Programm aufs Handy, schrieb die Zahlen mit und verglich sie mit denen, die meine Freundin – oder war es der Handschuh? – aufgeschrieben hatte. Keine einzige Übereinstimmung. Wir nahmen's leicht, tranken eine weitere Flasche Wein und ließen unsere alte Liebe noch einmal aufleben. Danke, Handschuh!

Mittlerweile rannten mir Galeristen aus ganz Europa die Bude ein. Trotzdem wollte ich es noch einmal wissen. Ich bat Dennis, einen befreundeten Zeitungsschreiber, um ein Treffen in einem Künstlerlokal. Als ich ihm Handschuh und Zeichengerät reichte, rief er: »Wo hast du den Handschuh her, das ist meiner, ich war schon untröstlich, dass ich ihn verloren habe!«

Ich sagte: »Was ist denn so Besonderes daran?«

»Ich habe ihn vor Jahren, als es mir ganz dreckig ging und ich Mülltonnen nach Pfandflaschen und Essbarem durchsuchte, gefunden, angezogen, und irgendetwas zwang mich plötzlich, eine Literaturkritik zu schreiben über den eben erschienenen Bestseller eines bekannten Krimiautors. Es war ein Totalverriss, dabei hatte ich das Buch gar nicht gelesen. Es war der Handschuh. Eine Zeitung druckte die Kritik, und von da an ging's bergauf. Und heute bin ich der von allen gefürchtete, gnadenlose und oft gemeine Kritiker, dabei hat das nichts mit mir zu tun, ich bin total lieb, harmoniesüchtig …«

»Ich weiß, ein richtiges Weichei. Na, dann freu dich mal, dass ich den Handschuh gefunden habe, hier hast du ihn zurück, und ich darf mich ja wohl zum Essen eingeladen fühlen.«

Er nickte stumm, während Freudentränen seine dicken Hamsterbäckchen netzten und seine dicke Brille beschlug. Es ist ein echt gutes Gefühl, anderen zu helfen, vor allem, wenn man gerade den Jackpot mit 34 Millionen Euro abgeräumt hat. Ich hatte nämlich spaßeshalber die Lottozahlen, die meine alte Liebe aufgeschrieben hatte, eine Woche später gespielt und zack. Danke, Handschuh!

Sexuelle Verfügbarkeit

Kulturell tut sich was im Land!

Die Linke im Bezirk Charlottenburg hat einen interessanten Antrag eingebracht:

Frauenkörper sollen auf bezirkseigenen Werbeflächen nicht länger als Objekte, Waren und Produkte präsentiert werden.

Das sei nämlich dann der Fall, wenn eine Frau kaum oder sehr körperbetont bekleidet und ohne Anlass lächelnd inszeniert wird. Nun stelle ich es mir schwierig vor, Bademoden oder Unterwäsche so zu bewerben, dass man dabei großzügig und körperverhüllend bekleidet ist, das heißt, es kommt einem Berufsverbot gleich, und zwar nur für weibliche Models, denn an kaum verhüllten Männerkörpern nimmt die Linke ja offenbar keinen Anstoß. Nun gebe ich gern zu, schon häufiger angesichts großflächiger weiblicher Bademoden- oder Dessous-Werbung etwa von H&M gedacht zu haben: Wie gut, dass ich jetzt nicht am Steuer dieses Taxis sitze, ich wäre wohl für den einen oder anderen Auffahrunfall gut.

Außerdem könnte man angesichts vieler jugendlicher Bulimiepatientinnen, die durch solche Werbung und Sendungen wie *Germany's Next Topmodel* ein problematisches Schönheitsideal vermittelt bekommen, sagen: Diese Plakate sind nicht nur verkehrsgefährdend, sondern auch gesundheitsschädlich, weil viele Teenies versuchen, nicht mehr zu wiegen als die Modehefte, in denen sie unbedingt abgebildet werden möchten. Das sind aber nicht die Beweggründe für den Antrag der Linken, ist ihnen also egal. Solche Werbung ist in ihren Augen was? Richtig: Sexistisch.

So wie es laut Antrag der Linken auch sexistisch ist, Frauen als das schöne Geschlecht zu bezeichnen. Aha. Ein Kompliment ist also diskriminierend und nicht etwa die daraus folgende Aussage: Männer sind das hässliche Geschlecht. Die Charlottenburger Linksfraktion hält es also mit Schopenhauer, der bekanntlich sagte: Das Weib ist das niedrig gewachsene, schmalschulterige, breithüftige und kurzbeinige Geschlecht, das man das unästhetische nennen könnte. Goethe ist ein bisschen verbindlicher, er sagt in *Dichtung und Wahrheit* III, 11: Es gibt Frauenpersonen, die uns im Zimmer besonders wohl gefallen, andere, die sich besser im Freien ausnehmen.

Zurück zum Antrag. Die Frau soll komplett verhüllt sein und nicht ohne Anlass lächeln. Da geht die Linke sogar weiter als der Islam, der die Frauen unter der Burka zumindest lächeln lässt, auch ohne Anlass.

Aber da ist der Islam zu lasch, denn die Linke lehrt: Grundloses Lachen suggeriert sexuelle Verfügbarkeit. Einfach ausgedrückt: Lachen heißt, lieb mich, küss mich, gib mir Tiernamen!

Da bin ich jetzt ernsthaft verwirrt: Denn jeden Tag rufen Millionen Fotografen auf der Welt Cheese, um die Leute vor ihrer Linse zum Lachen zu bewegen. Und damit meinen sie Männer, Frauen, Diverse, Transgenderleute, Senioren und natürlich auch Kinder. Oh, oh! Wenn Eltern schöne Fotos von ihren Kindern wollen, und der Fotograf lässt sie lächeln, dann sieht das nicht einfach nett und freundlich aus, sondern suggeriert sexuelle Verfügbarkeit.

Auch bei Nonnen, Mönchen, Päpsten. Und wir haben noch ein weiteres logisches Problem: Wenn jemand lacht, um sexuelle Verfügbarkeit zu signalisieren, lacht er ja gerade nicht grundlos, hat aber ab jetzt schlechte Karten, denn alle Linken in Charlottenburg werden denken: Wieder so eine oder einer, der nicht weiß, dass er sexuelle Verfügbarkeit signalisiert. Es gibt offenbar keine These, die so blöd ist, dass sie nicht irgendein Politiker aufstellen würde.

Seit über fünfhundert Jahren bewegt die Kunstwelt eine Frage: Wie hat Leonardo da Vinci damals die Mona Lisa ans Lächeln gekriegt? Hat er gesagt: Moni, sag mal Ameisenscheiße, Hühnerbrühe oder Kaninchenficker? Hat er vielleicht gefragt: Wollen wir anschließend in die Kiste? Unwahrscheinlich, denn Leonardo war bekanntlich schwul. Ich denke, er hat ihr 1503 beim Malen erzählt: Stell dir mal vor, in fünfhundertzwanzig Jahren wird so ein linker Spinner erzählen, Lächeln suggeriert sexuelle Verfügbarkeit. Und da musste sie lachen.

Unhappy ending Essen

»Guten Abend, was möchten Sie essen, wir haben Brisola, Souvlaki, Gyros, Lammkoteletts, Keftedes, gemischte Grillteller. An Beilagen haben wir Spaghetti, Kritharaki, Reis, Backkartoffel, Pommes, Salat, Gemüse und heute speziell Couscous.«

»Gibt's auch Fisch?«

»Selbstverständlich, haben wir Seezunge, Dorade, Steinbutt, Makrele, Lachs und Scholle.«

»Können Sie die Beilagen noch mal sagen, bitte?«

»Reis, Pommes, Salat, Gemüse, Spaghetti, Backkartoffel, Kritharaki, Couscous.«

»Das war jetzt aber eine andere Reihenfolge als eben!«

»Ja, das mache ich, wenn mir langweilig ist, dann ändere ich gern die Reihenfolge.«

»Aha, wissen Sie denn, wie viele Beilagen es sind?«

»Da müsste ich nachzählen.«

»Es sind acht. Und sechs Fleischgerichte sowie sechs Fischgerichte.«

»Wie schön.«

»Wissen Sie, wie viele Kombinationsmöglichkeiten es bei acht Beilagen und zwölf Hauptspeisen gibt?«

»Nein. Jetzt habe ich aber mal eine Frage.«

»Ja bitte?«

»Wissen Sie, wie oft Sie mich am Arsch lecken können?«

»Nein.«

»Doch, das wissen Sie genau. Es ist nämlich einmal mehr, als es Kombinationsmöglichkeiten gibt. Und das sind ja ziemlich viele. Möchten Sie vielleicht etwas dazu trinken?«

»Ich möchte den Geschäftsführer sprechen.«

»Tun Sie bereits.«

»Dann entlassen Sie sich gefälligst selbst.«

»Geht nicht, ich bin mein bester Mann.«

»Das wird Ihnen noch leidtun, ich bin Restauranttester.«

»Schön, was möchten Sie testen?«

»Ich nehme Brisola mit Gemüse und Couscous.«

»Tut mir leid, das ist aus.«

»Aber Sie …«

»Kein Aber, Sie können Seezunge mit Salat und Gemüse haben, alles andere ist aus.«

»Dann hätten Sie jetzt die Gelegenheit, mich am Arsch zu lecken.«

»Würde das in die Bewertung meines Restaurants einfließen?«

»Kommt drauf an, wissen Sie, wie viele verschiedene Möglichkeiten es gibt, einen Menschen am Arsch zu lecken?«

Man hört einen Schuss.

Dicke Männer sind treuer

Wenn man das Wort Statistik hört, denkt man: Öh, langweilig.

Weit gefehlt, wenn man gut auswählt, kann es sehr amüsant sein.

Wussten Sie, dass nur 12 Prozent der Nonnen Jungfrau sind? Der Rest ist Steinbock, Löwe, Zwilling …

Bereits zweijährige Kinder reagieren positiv auf die Missgeschicke anderer.

Also ist Schadenfreude genetisch bedingt, und die These, das sei moralisch verwerflich, macht uns zum Heuchler.

Was mögen Frauen beim Sex am wenigsten?

Komische Geräusche, zu kleiner Penis, es geht zu schnell, zu viele Stellungswechsel. Nicht dabei: Er sieht währenddessen doof aus.

Männer weinen häufiger nach dem Sex als Frauen. Von den Gründen steht da nichts, aber ich rate mal: Sie sind traurig, weil sie wissen, dass sie beim Sex bescheuert aussehen.

Frauen fürchten beim Onlinedating am meisten, auf einen Serienkiller zu treffen, Männer auf eine Übergewichtige.

Männer bevorzugen für unverbindlichen Sex Frauen mit hohen Stimmen. Auch das wird, glaube ich, falsch gedeutet. Frauen mit hohen Stimmen nerven, deshalb scheiden sie als Lebenspartnerinnen aus.

Es gibt viele solcher Fehldeutungen: Ehemänner leben statistisch gesehen länger als Singles. Daraus schließt man, Ehefrauen haben lebensverlängernde Wirkung. Andersrum wird ein Schuh draus: Langlebige Männer haben statistisch gesehen größere Chancen zu heiraten.

75 Prozent der Männer und 68 Prozent der Frauen würden ihren Partner betrügen, wenn es ganz sicher nicht rauskäme.

68 Prozent der Bevölkerung haben Sex am Arbeitsplatz. Allerdings ist die Quote nicht in allen Berufsgruppen so hoch, bei Schaufensterdekorateuren liegt sie niedriger.

Jede fünfte Frau würde für eine Beförderung mit dem Chef in die Kiste gehen, Frauen mit Ausschnitt auf Bewerbungsfotos werden neunzehnmal häufiger zum Bewerbungsgespräch eingeladen. Schlimm, aber vielleicht hilfreich.

Drei von vier deutschen Frauen hätten keine Skrupel, einer engen Freundin den Mann wegzunehmen, mit der Einschränkung: Er muss es wert sein.

Also kann meine Frau keiner ihrer engen Freundinnen über den Weg trauen.

Dicke Männer sind treuer als dünne, hat man festgestellt. Sicher, es wird auch Frauen geben, die sagen, mir doch egal, ob der Fettsack fremdgeht, Hauptsache, er lässt mich zufrieden, aber das ist hoffentlich die Ausnahme.

Männer werden fünfmal so oft vom Blitz getroffen wie Frauen. Bevor Sie, als Frau, die schon lange überlegt, wie sie ihren Ollen loswerden kann, jetzt beim nächsten Gewitter sagen, Schatz, lass uns spazieren gehen, ich finde Gewitter so romantisch, hören Sie weiter zu: Die Zahl kommt so zustande: Der Großteil der Arbeiten im Freien wird von Männern verrichtet, während Frauen ihrer Beschäftigung meist in Gebäuden nachgehen.

Ein Mann verbringt dreiundvierzig Minuten seines Tages damit, Frauen anzustarren, im Schnitt zehn verschiedene. Das heißt, zwischen dem achtzehnten und fünfzigsten Lebensjahr glotzt er ein Jahr lang Frauen an. Allerdings nur, wenn er im urbanen Milieu im Freien arbeitet, als Bauarbeiter etwa. Und wenn ihn nicht vorher der Blitz erschlägt.

Hier noch ein paar gute Nachrichten für unsere vegetarischen oder veganen Fans: Jeder Mensch isst im Jahr zwischen 0,5 und 1 Kilogramm Insekten. Manchmal aus Versehen im Schlaf, aber meist gemahlen und nebenbei in Erdbeermarmelade oder Spaghettisoße. Hundert Gramm Pizzatomaten enthalten circa dreißig Fliegeneier. Wir haben auch alle schon mal Menschenfleisch gegessen. Was glauben Sie, wie viele Finger der am Produktionsprozess Beteiligten in der Wurst landen. Und das gilt auch für Sojawurst, liebe Vegetarier!

Zahnärzte sind unter den Medizinern die, die ihre Patienten am häufigsten sexuell belästigen. Schwer zu sagen, warum, aber es liegt wohl in der Natur des Mannes, dass er immer was anderes will, als er gerade hat … Wenn er zu Hause ist, will er in die Kneipe, wenn er in der Kneipe ist, will er mit 'ner anderen Frau ins Bett, wenn er da ist, will er nach Hause, der Mann ist ruhelos. Und da sagen sich die Zahnärzte vielleicht: Ich darf den Frauen immer nur im Mund rumfummeln, ich würde so gerne mal …

Mein Lieblingszahnarztwitz: Der Zahnarzt beugt sich mit dem Bohrer über die Patientin, sagt, schön weit auf und stockt … Ist das Ihre Hand, die ich da an meinem Hoden spüre? Ja, und wir beiden wollen einander doch nicht weh tun, gell?

Die meisten Menschen sterben im Bett, daraus sollte man nicht den Schluss ziehen, das Bett sollte gemieden werden, denn schließlich entstehen die meisten Menschen auch im Bett, es ist ein Geben und Nehmen.

Und eine letzte Bemerkung: Das Hören ist der Sinn, der uns beim Sterben am längsten bleibt. Also abwarten mit so Sätzen wie: Er war ja ein Arsch, aber er hatte Kohle.

Uschi und Paul

»Mein Bebiff pafft nift!«, greinte Gisela, Bewohnerin der Seniorenresidenz Villa Abendrot.

»Och Gisela, das kann ja nicht sein, gestern Abend hat es noch gepasst, wie 'ne eins, war zumindest mein Eindruck«, sagte Elmar, der allgemein beliebte Pfleger.

»Meinf pafft au nift mehr!«, tönte Alice, die das Zimmer neben Gisela bewohnte.

Paul, 78, Neuzugang, mischte sich ein: »In meinem vorigen Heim ist es öfter vorgekommen, dass die Leute geschlafwandelt sind und dabei auch Sachen vertauscht haben, ich glaube, auch mal zwei Gebisse.«

»Klingt unwahrscheinlich«, lachte Elmar, »aber ein Versuch kann nicht schaden, kommt mal beide mit, Mädels, wir gehen jetzt ins Bad, spülen die Teile schön ab, und dann tauscht ihr.«

In diesem Moment hörte man ein dünnes Stimmchen rufen: »Hilfe, hilfe, ich klebe fest!«

Die Stimme kam aus der Toilette beim Aufenthaltsraum, Elmar rannte hinein und rief: »Wer ist da, und was ist passiert?«

»Hier ist Herr von Lowitz-Kesselstein, und ich klebe auf dem Toilettensitz fest!«

»Machen Sie mal die Tür auf, dann gucken wir uns das an!«

»Ich komme aber nicht an die Tür, ich klebe doch fest!«

Drei Stunden später war die Klotür auf, und Herr von Lowitz-Kesselstein saß samt der abmontierten Brille in einer Duschwanne, in die man etliche Flaschen Olivenöl gegossen hatte, der Arzt meinte, das könnte den Komponentenkleber mit der Zeit lösen, wenn nicht, könnte man erst Zitronensaft und dann Aceton probieren. Dafür passte den beiden Damen ihr Gebiss wieder, die Heimleitung stand vor einem Rätsel, wie der Tausch hatte passieren können, getrunken hatten die beiden Damen nach eigener Aussage nur eine halbe Flasche Eierlikör zum Fernsehen.

Beim Abendbrot war die Tomatensuppe das Topthema: Die Kommentare reichten von »Endlich mal schön pikant« bis »Könnt ihr nicht abwarten, bis wir von alleine sterben?« Das Kochteam schwor beim Leben von Paul Bocuse, dass sie nur einen Hauch Tabasco für den ganzen 10-Liter-Topf verwendet hätten. Dann ein Schrei von der Salatbar: »Igitt, da ist eine Spinne drin!«

Paul, der Neue, trat beherzt hinzu und hob das Tier am Bein hoch.

»Das ist nur eine Attrappe, allerdings verdammt gut gemacht, wem gehört die?« Paul blickte auffordernd in die Runde. »Na, dann ist das jetzt meine, da ihr ja alle immer vergesslicher werdet, werde ich jeden dritten Tag Spaß damit haben.«

»Das werden Sie ganz sicher nicht, Herr Geiger, weil ich nämlich ab heute das Gedächtnistraining leite, wozu ich auch Sie herzlich einlade, um fünfzehn Uhr geht es los!«

Und mit diesen Worten nahm Uschi Heinemann Paul die Spinne weg. Der wollte sagen: »Hey, das ist meine«, dann fiel ihm aber rechtzeitig ein, dass er sich damit verraten hätte, und er hatte doch noch große Pläne auf dem Scherzsektor. Der Start war schon mal nicht schlecht, fand er, zwei Gebisse, ein Klebeklodeckel, eine Tomatensuppe »Hellfire« und eine Spinne im Salat – und Paul war erst vor achtundvierzig Stunden eingezogen. Fürs Abendbrot würde er Zucker und Salz in den Streuern vertauschen und den Fernbedienungssensor am Fernseher mit Tesafilm überkleben. Darauf kam nie einer, erst wurden fünfmal die Batterien gewechselt.

Die über die Kloschüssel gespannte Klarsichtfolie – also übers Porzellan, sodass die Klobrille draufliegt – wäre dann demnächst dran, genau wie Mehl oder Babypuder im Fön. Aber heute würde Paul erst mal Uschi Heinemann in den Wahnsinn treiben, Gedächtnistechnik oder besser Mnemotechnik war nämlich sein Spezialgebiet. Um fünf vor drei fand Paul sich im Gemeinschaftsraum ein, zusammen mit fünf anderen Senioren.

Frau Heinemann trat ein und begrüßte strahlend ihre Schäflein. Als Erstes musste jeder ein Namensschild malen und vor sich stellen, dann nannte jeder seinen Namen und erzählte kurz etwas über sich, wahr oder erfunden, blieb jedem überlassen. Davon gab es drei Runden.

Paul sagte: »Ich heiße Paul Geiger und war Serienkiller.« Bei der zweiten Runde war er Scharfschütze in der US-Armee, dann schizophren, also zwei Personen, einmal Papst und dann Prostituierte. Dann wurden die Namensschilder weggeräumt, und Uschi begann zu fragen: »Frau Bramstedt, wie heißt Paul weiter?«

»Weiß ich nicht, das ging alles so schnell, aber ich weiß noch, dass er Papst war und eine Reinigungsfirma hatte.«

»Nein, das war ich«, plärrte Herr Löns dazwischen.

Nachdem die fünf anderen sich mehr schlecht als recht durch die Informationen gequält hatten, rief Uschi Paul auf: »Herr Geiger, was haben Sie zu Gertrud behalten?«

»Sie heißt Gertrud Würmeling, gibt ihr Alter mit 77 an, was ich allerdings bezweifle, und ist zweimal verwitwet, ihr erster Mann war bei der Krankenkasse angestellt, ihr zweiter war

Dachdecker und verunglückte drei Jahre nach der Hochzeit tödlich.«

»Nicht schlecht, Herr Geiger, dann wechseln wir mal das Thema, wir haben ja Herbst, vielleicht sagt jeder mal ein zusammengesetztes Wort, in dem Herbst vorkommt.«

»Herpesblase«, rief Paul schnell.

»Herr Geiger, dass Sie nur Blödsinn im Kopf haben, weiß ich jetzt, Sie können sich ruhig mal zwischendurch entspannen, also, ich höre!«

»Herbstlaub.«

»Herbstmeister …«

»Was soll das denn sein?«, fragte Herr Löns.

»Das ist ein Fußballbegriff«, erklärte ihm Uschi, die immer mehr in Pauls Achtung stieg. Als Nächstes teilte sie Postkarten aus, alle mit dem gleichen Motiv, ein Hafen mit verschiedenen Booten. Jeder sollte sich die Karte gut anschauen und sich drei Fragen dazu ausdenken. Natürlich fiel Paul wieder unangenehm auf, als er fragte: »Was für ein Pärchen kopuliert in dem Boot ganz rechts, Mann und Frau, Frau und Frau oder Mann und Mann?«

Die Verwirrung war groß. »Was für ein Pärchen, ich seh kein Pärchen!«

»Das Pärchen sieht man nicht, das liegt in dem Boot am Boden und rammelt, deswegen muss man sich das vorstellen, also was seht ihr in eurer Fantasie?« Da ging dann aber die Post ab bei dem Friedhofsgemüse, das hätte nicht mal Paul sich träumen lassen. Und dann war die Stunde auch schon rum.

Paul wartete, bis die anderen weg waren, dann sagte er: »Frau Heinemann, was halten Sie davon, wenn ich Sie in das nette Bistro schräg gegenüber einlade, und während wir auf das

Essen warten, machen wir einen kleinen Gedächtniswettbewerb?«

»Das ist die originellste Anmache, die mir in letzter Zeit untergekommen ist, wie viel Uhr?«

Man einigte sich auf neunzehn Uhr und unterhielt sich rauschend. Irgendwann, nach dem Dessert und dem vierten Wein, meinte sie: »Herr Geiger, Sie erinnern mich an jemanden, aber ich komme nicht drauf.« Paul zog ein Foto aus seiner Brieftasche, das ein Mädchen und einen Jungen von etwa sechzehn Jahren zeigte. Uschi und Paul. Sie war seine große Liebe in der Schule gewesen, er hatte sich aber nie getraut, sie anzubaggern. Später hatte er Karriere als Zauberkünstler und Entertainer gemacht, war mittlerweile steinreich, hatte Uschi aber nie aus dem Kopf gekriegt, durch Zufall erfahren, dass sie aushilfsweise nach einer gescheiterten Ehe in der Villa Abendrot Gedächtniskurse gab, sich gegen eine dicke Spende die Erlaubnis geholt, den Neuzugang zu spielen, nachdem ihn eine ebenso befreundete wie begnadete Maskenbildnerin dreißig Jahre älter gemacht hatte.

»Wenn du wissen willst, wie ich wirklich aussehe, können wir uns ja morgen Abend wieder zum Essen treffen und vielleicht überhaupt öfter.«

»Mal sehen«, sagte Uschi, sie trafen sich am nächsten Abend wieder, und Uschi sagte: »Alt hast du mir besser gefallen!«

Paul überlegte kurz, ob er sich den Rest seines Lebens jeden Tag auf alt schminken lassen sollte, beschloss aber dann, lieber die Maskenbildnerin zu heiraten.

Titten to go

Man fragt sich ja manchmal, was man gern machen würde, wenn es mit dem Beruf, den man hat, nicht mehr klappt. Und da gibt es doch etliche interessante Möglichkeiten:

Ein Arzt aus Berlin beispielsweise bietet die Blitz-Busenvergrößerung von bis zu drei Körbchengrößen an, zum Beispiel von B auf E. Er spritzt die Brüste mit einer Kochsalzlösung auf. Das Verfahren hat einen Haken, wie der BH, es kommt aus den USA und hält nur vierundzwanzig Stunden lang, dauert zwanzig Minuten und – Obacht! – kostet tausend Euro. Inklusive Infektionsgefahr und möglicher Überdehnung des Gewebes.

Was ist der Sinn? Frau kann erst mal unverbindlich ausprobieren, wie es aussieht. Die Lösung wird über Nieren und Blutkreislauf abgebaut. Zwei Einschnitte am Brustansatz und dann rin mit die Pampe, bis der Mann sagt: »Stopp, jenau so hat mir det vorjeschwebt.«

Dann zwei Viagra einjepfiffen und vierundzwanzig Stunden Sex mit einer Körbchengröße E. Viel billiger wird es im Puff auch nicht, und man hat nicht den schalen Geschmack der Untreue im Mund. Aber der Knaller ist die Verdienstspanne des Arztes. Drei Eingriffe à 1000 Euro die Stunde, macht bei acht Stunden 24 000 Äppel am Tag, macht bei 26 Arbeitstagen im Monat 480 000 im Monat, macht bei zehn Monaten 4 800 000 im Jahr. Vor Steuern. Gut, Pep Guardiola hat mehr,

Robert Downey Jr. schafft 80 Millionen pro Jahr, aber man käme rum.

Gut, man sollte Arzt sein, aber vielleicht geht das ja auch als zertifizierter Krankenpfleger.

Die Alternative ist zum Beispiel Hundesitter. Pro Hund und Stunde werden im Schnitt fünf Euro bezahlt. Wenn Sie auf denselben Stundensatz wie der Titten-to-go-Doktor kommen wollen, müssen Sie 200 Hunde pro Stunde ausführen, acht Stunden lang. Wenn Ihnen das zu viel Trubel ist, können Sie als Aktmodell für Zeichenschüler an der Uni arbeiten für elf bis 20 Euro die Stunde. Da sind dann mehr als 160 Euro am Tag nicht drin, es sei denn, Sie finden Zeichenschüler, die Sie dabei malen, wie Sie nackt 200 Hunde bewegen. Für zwölf Euro in der Stunde können Sie sich als Schauspielpatient bewerben. Dabei werden Sie vorher auf eine bestimmte Krankheit gebrieft, das heißt, Sie lernen die Symptome, die Sie dem angehenden Arzt auf Befragen herbeten. Dabei können Sie natürlich nach Belieben rumzicken, wie ein echter schwieriger Patient. Das wäre genau mein Ding.

Oder Creamer: Für 4000 Euro schmiert man sechs Wochen lang an der französischen Atlantikküste nackte Frauenrücken ein. Das Fremdenverkehrsamt und eine Kosmetikfirma sponsern das Ganze. Das würde ich lieber machen als Coconut Security Engineer. Das sind schwindelfreie junge Männer, die im Auftrag des Ritz-Carlton auf Saint Thomas (US-Jungferninseln) auf die Palme gehen und die Nüsse runterholen, bevor sie den Urlaubern auf den Kürbis fallen.

Im Silverton Casino gibt es ein Aquarium mit zwei Nixen, die sich zwischen den Fischen tummeln. Eine davon hat bei Olympia schon mal Gold geholt als Synchronschwimmerin. So was wäre für mich in einer erotischen Variante denkbar. Eine figürlich zu mir passende Schwimmerin sollte zu finden sein, und wir entwickeln dann gemeinsam eine auf- und anregende Unterwasserchoreo. Leider habe ich nach meinen 22 Mittelohrentzündungen in der Kindheit ein perforiertes Trommelfell, kann mich also nicht länger unter Wasser aufhalten. Schade, schade.

Was ginge wäre: Arschbombentrainer im Ferienklub. Die Splashdiver nennen sich »Bomber« wegen der Sponsoren, die die Kombi aus Arsch und Bombe schwierig fanden. Die perfekte Arschbombe ist laut Weltmeister Christian Guth der Anker: ein Bein gestreckt, der vordere gestreckte Fuß durchbricht die Wasseroberfläche, der angewinkelte, am besten flex gestellt, verbreitert die Körperfläche und macht die Fontäne.

Masse hilft, Technik kann sie wettmachen. Und »die Bombe«, so der Trainer wörtlich, ist »auf jeden Fall cooler als die Weiberkerze: geradeaus, in der Luft Nase zuhalten und laut schreien.« Der Bomber springt natürlich vom Zehner. Stand in dem Artikel. Dann geht es leider doch nicht. Habe Höhenangst. Ich habe erst spät, in der Quarta, also in der 7. Klasse, schwimmen gelernt, und der Sportlehrer köderte mich mit einer 2 in Sport, was ich noch nie hatte, wenn ich vom Dreimeterbrett springen würde. Das Ganze dauerte etwa eine Stunde, in der mir Lehrer, Mitschüler und auch fremde Badegäste, die das Mitleid gepackt hatte, gut zuredeten, wie einem lahmen Gaul. Irgendwann sprang ich, verlor kurz das Bewusstsein, tauchte aber wieder auf, sodass ich heute meinem Beruf nachgehen kann. An Land.

Wer war es?

Sie hießen Fiona und Leon und saßen an der Bar einer Bar mit dem Namen Bar-Bar. Sie trank einen Bellini, er einen Negroni. Sie feierten den ersten Jahrestag ihres losen Beisammenseins, wie sie ihre Beziehung nannten.

»Entschuldigung?«, sagte einer von zwei dunkel gekleideten Herren, die plötzlich neben den beiden standen. »Polizei, würden Sie uns bitte einen Moment begleiten, Herr Woszniak?«

Leon blickte verwirrt zwischen Fiona und den Männern hin und her.

»Ja, wieso denn, was ist denn los?«

»Das werden Sie gleich erfahren, kommen Sie bitte mit, und vermeiden Sie jedes Aufsehen, klar?«

Leon stürzte geistesgegenwärtig seinen Negroni hinunter und folgte den beiden Richtung Toilette. Dort angekommen, sagte der Größere der beiden: »Hören Sie gut zu. Sie begeben sich jetzt in die rechte der beiden Kabinen und bleiben exakt fünfzehn Minuten dort, ohne ein Geräusch zu machen.«

»Aber.«

»Ohne irgendein Geräusch zu machen«, wiederholte der große Mann, schlug beiläufig sein Sakko zurück und ließ ein Schulterholster mit einer großkalibrigen Pistole sehen.

»Nach fünfzehn Minuten gehen Sie an Ihren Platz an der Bar zurück, dort werden Sie weitere Informationen erhalten. Danach können Sie tun, was immer Sie wollen, haben wir uns verstanden?«

»Ja.«

Der Große schob Leon in die Kabine und schloss die Tür hinter ihm.

»Schließen Sie sich jetzt ein, bitte!«

Leon tat es. Der andere Mann klebte ein Außer-Betrieb-Schild an die Tür, und beide verließen die Toilette.

Fiona blickte ihnen ängstlich entgegen. »Was hat das alles zu bedeuten?«

»Sie müssen jetzt stark sein. Ihr Freund hat uns engagiert, weil er sich nicht traut, Ihnen ins Gesicht zu sagen, dass er eine andere hat, die er mehr liebt als Sie. Und das haben wir hiermit ausgerichtet. Sie brauchen nicht auf ihn zu warten, die Toilette hat einen Zugang zu den Büroräumen, *the king has left the building*, sozusagen. Ihre Getränke übernehmen wir und setzen sie Ihrem Ex-Freund auf die Rechnung.«

Fionas bernsteinfarbene Augen füllten sich mit Tränen, sie schniefte einmal kurz, nahm ihre Handtasche und ging ohne ein Wort.

Die beiden Männer nahmen Fionas und Leons Plätze ein und orderten Bier.

Nach fünfzehn Minuten verließ Leon die Toilette und näherte sich den Männern sichtbar verängstigt.

»Beruhigen Sie sich, niemand tut Ihnen was. Wir waren nicht ganz ehrlich zu Ihnen. Fakt ist, dass der Vater Ihrer Ex-Freundin uns nach Rücksprache mit seiner Tochter engagiert hat, um Ihnen mitzuteilen, dass die Beziehung beendet ist. Fräulein Fiona war es lieber, Ihnen das nicht selber sagen zu müssen. Und jetzt die gute Nachricht, Sie sind wieder ein freier Mann, viele Mädels würden sich glücklich schätzen, was mit Ihnen anzufangen.«

So weit, so gut. Da bleiben natürlich Fragen über Fragen: Wer hat die beiden Typen beauftragt, wenn sie wirklich von nichts wussten, wer hat also ein Interesse daran, das Paar auseinanderzubringen und bei beiden den Eindruck zu erwecken, dass der jeweils andere Partner die Trennung wollte? Würde ein Vater seiner Tochter so etwas aus falsch verstandener Vaterliebe wirklich antun?

Oder hat Leon eine Partnerbeendigungsagentur beauftragt mit der Auflage, ihn über ihr Vorgehen völlig im Dunkeln zu lassen? Oder hat Fiona denselben Auftrag erteilt?

Ich habe diese Geschichte einschließlich der Fragen fünfzig Frauen und fünfzig Männern vorgelesen. Fünfzehn Männer sagten anschließend: »Verstehe ich nicht.«

Siebzehn meinten: »Was soll der Quatsch, das kostet doch wahrscheinlich einen Haufen Kohle!«

Und achtzehn fragten: »Gibt es so eine Agentur wirklich?«

Bei den Frauen war es einfacher. Alle fünfzig sagten: »Natürlich steckt der Typ dahinter, das feige Arschloch.«

Das hätte es früher nicht gegeben.

Um es kurz zu machen

Hier ist ein kurzer Text über einen kurzen Satz, der viele literarische Möglichkeiten beinhaltet, zum Guten, wie zum Schlechten. Dieser Satz lautet: »Um es kurz zu machen«.

Es gab nur uns beide in diesem Raum, Genevieve und mich. Auf den ersten Blick wirkte es, als schliefe sie, aber als ich genauer hinsah, bemerkte ich, man hatte sie aufgeschlitzt und an die Flurgarderobe gehängt. Um es kurz zu machen, sie war tot, der Fall wurde nie aufgeklärt. Wahnsinn, oder? Der Satz bringt ganz plötzlich eine unerwartete Fallhöhe in die Passage.

Letztens habe ich einen Kumpel angerufen und gesagt: Hör mal, hast du das mit Elias M'Barek gestern beim Echo mitgekriegt?

Was?

Na der hat doch in der Damentoilette lattendicht irgendeine Braut in nem Glitzershirt gevögelt, und die ist anschließend rumgerannt und hat allen davon erzählt und dann ist ihr Freund gekommen mit noch zwei anderen und haben Elias was aufs Maul gehauen, der sah aus …

Wann war denn das?

Na so halb zwei rum.

Scheiße ich bin um eins gegangen.

Ach wie blöd. Na dann hast du um halb zwei die Currywurst von Alexander Herrmann ja auch verpasst, überirdisch sag ich dir!

Und er so: Oh Scheiße, ich liebe Sternecurrywurst nachts um halb zwei!

Um es kurz zu machen, ich kann den Typ nicht ausstehen und hab das nur erfunden, damit er sich ärgert.

Letztens stehe ich im Hotel im Aufzug, im 1. Stock steigt eine sehr attraktive Frau zu, guckt mich an, sagt: Herr von der Lippe, ich bewundere Sie seit vielen Jahren, hätten Sie Lust mit auf mein Zimmer zu kommen, ich würde gern mit Ihnen schlafen.

Ich sage toll, und was hab ich davon?

Um es kurz zu machen, ich bin mitgedackelt, habe ihr die Minibar leergesoffen und mich verpisst.

Am nächsten Tag, ich stehe ich im selben Hotel im Aufzug, die Tür geht zu, ist halb geschlossen, kommt ein Spast angerannt und brüllt, Moment, nehmen Sie mich mit und ich hau auf den Türöffner Knopf, aber es war zu spät. Um es kurz zu machen, ich hab nur so getan, damit der Typ nicht schlecht von mir denkt.

Menschen ist wichtig, dass die Leute gut von ihnen denken, nicht dass sie wirklich gut sind. Deswegen sind alle Umfragen Blödsinn. Die Leute stellen sich immer besser dar, als sie sind. Bei Diätumfragen geben Menschen immer weniger Kalorien an, als sie in Wirklichkeit essen. Oder lügen beim Gewicht, besonders Frauen. Ich habe mal Urlaub in der Karibik gemacht und dort einen Ausflug mit einem kleinen Propellerflugzeug gebucht, Wir waren eine gemischte Reisegruppe und der Pilot fragte jeden nach seinem Gewicht. Ich wollte wissen warum und er sagte, damit ich weiß, wieviel ich tanken muss. Ich sage; ich wiege 200 Kilo, tanken Sie gefälligst voll! Ich hatte keine Lust, abzustürzen, weil die vier Frauen jeweils zwanzig Kilo weglügen. Um es kurz zu machen, die Maschine ist nicht abgestürzt, aber ich bin auch nicht mitgeflogen. Wahrscheinlich sagen jetzt viele: Das ist aber ein tolles Thema, warum hast du nicht mehr geschrieben? Um es kurz zu machen.

Schnitzeljagd

Sie saßen wie jeden Freitag zusammen und verkosteten vier Versionen des gleichen Gerichts, heute ein Wiener Schnitzel. Das findet man zwar auf Hunderttausenden deutscher Speisekarten, aber wirklich perfekt ist es ganz selten, man kann einfach zu viel falsch machen.

Lothar rechnete sich die größten Chancen auf den Abendsieg aus, denn er hatte bei jedem seiner drei Konkurrenten gravierende Fehler entdeckt. Rudi hatte schon mal gegen den Grundsatz verstoßen, dass das echte Wiener Schnitzel aus Kalbfleisch zu bestehen hat. Er hatte Schweinefleisch aus der Oberschale vom Schweineschinken verwendet und so argumentiert, dass die meisten Wiener das so machen, weil Schweinefleisch saftiger und billiger ist.

Das stimmt zwar, aber damit war er bei den Traditionalisten unten durch. »Rudi, es hieß Wiener Schnitzel und nicht Schnitzel Wiener Art!«, hatte Ernst gesagt, der auf Nummer sicher gegangen war und für sein Schnitzel die Karreerose gewählt hatte, den von Fett und Sehnen befreiten Kalbsrücken. Walther ging mit einem Schnitzel aus der Kalbsnuss an den Start, und Lothar mit einem aus der Oberschale, also der ausgelösten Skelettmuskulatur der Innenseite des Oberschenkels, besonders mageres, kurzfaseriges Fleisch. Alle hatten sich darauf verständigt, nicht die Riesenversion des Schnitzels zu machen, die über den Teller hängt und einen Schmetterlingsschnitt erfordert, sondern eine kleinere, die zum Probieren ausreichend war.

»Da bin ich doch jetzt schon gelangweilt«, sagte meine Frau, als ich ihr wie gewohnt den Anfang der Geschichte vorlas, »mich interessiert doch nicht, wo das Fleisch herkommt und wie das Kalb geheißen hat, das hast du doch sowieso nur aus Wikipedia abgeschrieben, sondern wie ich eine fluffige Panade hinkriege und nicht diese eklige mit Fett vollgesaugte Pampe, die fest am Fleisch klebt!«

»Also erst mal legst du das Schnitzel über Nacht in Öl oder Buttermilch ein, oder in eine Gefriertüte …«

»Oh, bist du umständlich, was ist mit der Panade?«

»Korrekt heißt es Panier, aber erst wird das Schnitzel plattiert.«

»Was? Meinst du geklopft, oder was?«

»Ja, aber nicht mit Omas Küchenklopfer mit den Zähnen drauf, das zerreißt nämlich die Fasern, sondern mit einem Plattiereisen oder ersatzweise einem Stieltopf, und vorher wird es mit Zellophan bedeckt. Wichtig ist, dass das Schnitzel nicht dicker als fünf bis sieben Millimeter ist …«

»Hör mal, ich geh jetzt einkaufen, und wenn ich zurückkomme, bist du vielleicht an der Stelle mit der Panade.«

Ich gebe zu, an dieser Stelle war ich kurz davor, die Geschichte abzubrechen, aber ich hatte mich wochenlang in das Thema eingearbeitet, vor allem in die verschiedenen Legenden, die sich um diesen Küchenklassiker ranken. Er ist nämlich weder in Wien noch in Mailand erfunden worden, wie die Italiener immer behaupten, sondern wurde von den Mauren nach Spanien und von dort nach Italien gebracht. Bereits im zwölften Jahrhundert findet man in Konstantinopel in Teig gehülltes und anschließend in Fett ausgebackenes Fleisch.

In diesem Moment kam meine Frau vom Einkaufen zurück. »Ich habe zwei schöne dicke Schweineschnitzel gekauft, wie paniere ich die jetzt perfekt?«

Ich mache es kurz: Es gelang mir, die Trümmer längs zu halbieren, zu plattieren, dann habe ich sie gesalzen und leicht gepfeffert, gemehlt, durch eine Mischung aus Ei und etwas geschlagener Sahne gezogen, was das Soufflieren des Paniers begünstigt, dann in einen Teller mit gemischter Panade gelegt, ein Drittel Brösel aus altbackenen Brötchen, ein Drittel zerkleinerte Cornflakes, ein Drittel geriebene Mandeln und etwas ganz fein geriebenen Parmesan, wobei die Panade nicht angedrückt werden darf, das ist sehr wichtig.

Anschließend habe ich sie in einer großen Pfanne mit hundertsiebzig Grad heißem Rapsöl, dem ich kurz vor Ende der Backzeit einen guten Stich Butter zugefügt habe, ausgebacken, wobei die Pfanne ständig leicht gerüttelt werden muss, zusätzlich übergießt man die Schnitzel mit einem Löffel heißen Öls, man sollte sie auch mehrmals wenden. Nach etwa sieben bis acht Minuten sollten sie goldbraun sein, auf Küchenkrepp entfetten und bei vierzig Grad Umluft im Backofen warmhalten, um rasch einen Kartoffel-Gurkensalat zu zaubern. Zitronenspalten auf den Teller, der Sardellenring ist umstritten.

Schweißgebadet, erschöpft, aber glücklich servierte ich meiner Frau die wirklich perfekten Schnitzel Wiener Art. Sie kostete, strahlte mich an und meinte: »Lecker, aber weißt du, was jetzt toll wäre? Zigeunersauce.«

Was man sich alles schenken kann

Der große Hans Zippert hat einmal gesagt: Weihnachten, das ist nicht nur Geschenke, das ist auch fettes Essen und zu viel Alkohol. Aber unser Thema ist Geschenke. Wussten Sie, dass man sie zurückfordern kann? Und zwar a) bei Verarmung des Schenkers, § 528 BGB und b) bei schwerer Verfehlung gegen den Schenker oder grobem Undank, § 530 BGB.

Wenn also meine Frau mir ein Kind geschenkt hat, wie man so schön sagt, ich aber fremdgehe, kann sie das Kind zurückfordern. Gut zu wissen. Im Gegenzug könnte ich, wenn ich feststelle, dass das Kind gar nicht von mir ist, den Ring zurückfordern. Darüber könnte man noch viel sagen, aber nicht jetzt. Warum schenkt man überhaupt? Das ist eine interessante Frage. Zum Beispiel aus Gewohnheit.

Der Soziologieprofessor Frank Adloff sagt: Weihnachten ist ein Ritual, der Konsum ist ein Ritual, und die Kritik daran ist auch ein Ritual. Jeder, der mal versucht hat, mit seinem Lebenspartner eine Absprache zu treffen in dem Sinne »Schatz, dieses Jahr schenken wir uns mal nichts, was hältst du davon, ja prima, das machen wir«, weiß: Haut nicht hin. Keiner traut dem anderen zu, dass er das durchzieht, und so kauft jeder ein Sicherheitsgeschenk, und man belauert sich unterm Bäumchen, bis einer einknickt.

Hauptproblem beim Schenken: das Risiko des Scheiterns zu bannen, denn nur der Beschenkte entscheidet, ob das Schenken gelungen ist.

Die erste Geschenkpleite ist in der Bibel überliefert. Gott mochte Kains Opfer nicht und ließ den Rauch nicht hochsteigen. Die Folgen kennen wir alle: der erste Brudermord.

Wissenschaftler haben festgestellt, dass viele Menschen absichtlich Dinge schenken, die dem Beschenkten missfallen. Darunter fällt sicher das Trojanische Pferd. Verschiedene Beweggründe werden da angeführt:

1. Man will sich selbst beschenken. Also schenkt man der Frau seinen Lieblingswhisky oder eine Dauerkarte für den Heimfußballverein. Da kann sie sich dann bei nächster Gelegenheit mit einem Tanzkurs revanchieren.

2. Motivation: Das Selbstbild des Beschenkten erschüttern, indem man ihm durch die Blume eine bittere Wahrheit unterjubelt und dem begeisterten Aquarellisten etwa ein Malen nach Zahlen-Set oder dem ambitionierten Hobbykoch einen Anfängerkochkurs schenkt. Nasenhaarschneider, Deo, Mundwasser hauen in dieselbe Kerbe.

3. Steigerung: Eine offene Aggression. Zum Beispiel wenn man sein Geschenk vom letzten Jahr zurückschenkt, etwa einen zweimotorigen Paarvibrator, was besonders fies ist, wenn der Beschenkte ausgesprochen pingelig in Hygienefragen oder ledig und kontaktarm ist. Oder man will über Bande ärgern, etwa mit einem lärmintensiven Spielzeug oder einer Hochleistungswasserpistole, die der Opa dem Enkel schenkt, weil er weiß, damit wird das Kind die Eltern in den Wahnsinn treiben.

Adorno sagt: Wirkliches Schenken hat sein Glück in der Imagination des Glücks des Beschenkten. So ein Quatsch, da kann man sich natürlich jede Menge vormachen. Schau mal, ich schenke Yussuf eine alte Familienbibel aus dem neunzehnten Jahrhundert. Hä? Der ist Muslim. Aber er hat viele alte Bücher, er liebt so was. Ich weiß nicht, ein alter Koran wäre vielleicht besser. Aber er ist doch nicht fanatisch, er hat auch schon mal Schweinefleisch gegessen. Ja, weil du ihm gesagt hast, es wäre Hühnchen …

Und da man nicht drinsteckt im Beschenkten, habe ich mir angewöhnt, lustige Dinge zu schenken, die ihn, wenn er auch so ein lustiger Vogel ist wie ich, zum Lachen bringen, oder ihn entsetzen, was mich dann fast noch mehr amüsiert. Krass gesagt: Ruhig mal schöne Scheiße schenken.

Dazu zählen: essbare Unterwäsche, Schwangerschaftstest für die Oma, große Wimpern für die Autoscheinwerfer, einen durchsichtigen Toilettensitz mit lebenden Ameisen drin, für die Feministin einen besonderen Nussknacker: eine Frauenfigur im knielangen Kleid, breitbeinig dastehend, man schiebt ihr die Nuss unters Kleid und drückt die Beine zusammen, dagegen stinkt sogar der Eiswürfelbereiter, der Wasser zu kleinen Genitalien friert, ab. Für den gendersensiblen Haushalt empfehle ich zwei Kochschürzen mit aufgemalten Geschlechtsmerkmalen, sodass man das Geschlecht mal spielerisch tauschen kann.

Kommen wir zu den gefürchteten Geschenken mit Selbstbeteiligung: Gutscheinen! Es gibt Eventagenturen, spezialisiert auf Erlebnisgeschenke. Der Denkansatz dahinter: Gegenständlicher Konsum macht nur vorübergehend glücklich. Dagegen sind Erlebniserinnerungen unvergänglich und damit auch die Erinnerung an den, der sie verschenkt hat. Dabei reicht die Bandbreite vom typischen Berliner Menü für 18,50, wahrscheinlich Bulette mit Kartoffelsalat, bis zum sechzigminütigen Autozertrümmern in Lüdenscheid für hundert Euro. Oder man juckelt für hundertsechzig Öcken eine Stunde mit dem Schützenpanzer durch Sachsen-Anhalt. Für altgediente Pazifisten lässt sich da sicher ein Kombigeschenkpaket schnüren: eine Stunde Panzerzertrümmern.

Es gab in dem Artikel auch Formulierungen, die meine Fantasie auf die Reise schickten, wie »außergewöhnliche Übernachtungserlebnisse«. Da dachte ich natürlich an eine Nacht im Sarg oder in der Pathologie oder eingegraben im Sand neben einem Ameisenhügel oder bei Ebbe. Oder im Puff. Aber nein, gemeint war ein Romantikwochenende mit dem Partner beziehungsweise der Partnerin. Und da ist der Mann dann echt gefordert, denn er hat beim Freude Vortäuschen weniger Übung.

Zwei Brüste im Freibad, nackt

Ein Freibad, irgendwo im Ruhrgebiet, Hochsommer, früher Nachmittag. Zwei Brüste sind zu sehen. Sie sind nackt, wie etwa tausend andere Brüste in diesem Freibad auch. Nennen wir sie Bl und Br, wegen links und rechts. Sie könnten auch Bk und Bl heißen, wegen kürzer und länger, aber das würde nach Diskriminierung klingen. Die beiden Brüste unterhalten sich angeregt:

Br: »Boa, dat wird aber langsam Zeit, dat die Olle uns eincremt, ich glühe schon seit ner Stunde!«

Bl: »Ja, da sachse wat, aber guck mal die Titten von der da vorne mit dem Strohhut, die auf dem Mickymaus-Badetuch, die pellen sich schon!«

Br: »Auf dem Mickymaus-Badetuch, sachse? Hömma, dat is ein Mann!«

Bl: »Nee, echt jetzt? Dat gibbet doch gar nicht, der hat ja mindestens Körbchengröße F, wenn nich G! Und irgendwie kommt der mir bekannt vor. Ist dat nich ein Promi?«

Br: »Du meinst, ein Promi mit Körbchengröße G legt sich zu fünfhundert anderen Idioten int Freibad? Der hat doch wohl die Kohle, dat er sich ne Tageskarte in irgendeinem exklusiven Wellnessbunker leisten kann! Aber du hast recht, mir kommt er auch bekannt vor, aber wat is denn jetzt, wieso steht die Olle denn schon wieder auf, wir waren doch gerade erst vor ner Stunde pinkeln! Wat is denn jetzt kaputt, wir gehen auf den Promi zu! Jetzt spricht die den an! Wat hat se gesagt?«

Bl: »Wie wat hat se gesagt, ich hör genauso schlecht wie du, wir sind schließlich gleichaltrig, schon vergessen?«

Br: »Stimmt, unsere Silikonkissen sind jetzt fünfzehn Jahre alt, und ich meine, seit wir die haben, hör ich schlechter. Wat is jetzt, der dicke Promi steht auf, ach du Scheiße, guck dir mal die Wampe an, unsere Olle und der wollen doch wohl nicht zusammen int Wasser, dat gibt ne Katastrophe, 'ne Flutwelle, ein Tsunima oder wie dat heißt …«

Bl: »Nee, Gott sei Dank, die wollen in den Whirlpool, die Olle lernt dat auch nich mehr, wie oft hat der Frauenarzt ihr schon gesagt, dat se sich da jedes Mal 'ne Blasenentzündung fängt, mindestens 37 Grad warme Brühe, da kann se gleich ungeschützt mit 'nem …«

In diesem Moment machte das Geräusch des sprudelnden Wassers eine weitere Kommunikation unmöglich, sodass man nicht mehr hören konnte, wie Br sagt: »Bäh, siehst du dat auch, der dicke alte Promi fummelt sich in der Badehose rum, der pullert doch wohl jetzt nich in den Pool?«

Das war ein Beispiel dafür, wie man eine kleine, eigentlich völlig banale Geschichte aufpeppen kann, indem man sie aus einer anderen Perspektive erzählt. Denn der Titel der Story könnte auch lauten: Wie ich in einem Freibad im Ruhrgebiet mal von einer älteren Dame angesprochen wurde.

Werbung

Medialer Höhepunkt für mich im Sommer 2018: Meine Frau zwang mich eines Abends, *Sommerhaus der Stars* mit ihr zu gucken, zweite Folge, was ich auch tapfer durchgestanden habe, weißweingestützt, meine Frau hat mir dann erklärt, wer diese Leute sind, ich kannte nur Micaela Schäfer, die hatte ich schon mal gesehen, eine Frau in der Blüte ihrer Jahre, Brüderle würde sagen, sie kann ein Dirndl ausfüllen, sie trug aber durchweg Sachen, die noch umfassenderen optischen Zugang zu den sekundären Geschlechtsmerkmalen gewährten, anders gesagt, die gesamte Oberbekleidung schien zu rufen: Nimm mich, ich kann Drillinge ernähren.

Und dann der Hammer! Sie sagte, sie habe bei einem Mann noch nie einen Orgasmus erlebt. Ihr Partner war noch überraschter als ich, und später las ich dann, er hat sich von ihr getrennt. Verstehe ich, warum wirbt sie auch für eine Sache, die ihr keinen Spaß macht. Trump würde das Fake-Werbung nennen, und das ist in dieser Branche gar nicht so selten.

In der *Apotheken Umschau* wirbt eine Treppenliftfirma mit »über 110 Jahre Erfahrung«, ich googele und lese, der Treppenlift wurde 1977 erfunden. Hab ich gedacht, okay, da steht Erfahrung, aber nicht womit. Treppenlifte können es ja nicht sein. Ich könnte mich also als Proktologe bewerben und reinschreiben: 70 Jahre Erfahrung. Und wenn die Klinik nachfragt, worin ich denn Erfahrung habe, sage ich: »Im Kacken, das mache ich seit meiner Geburt mit großem Erfolg, da macht mir keiner so leicht was vor.«

Viagra hat jetzt einen neuen Werbeslogan: »Wir stellen die Weichen.«

Ist wahrscheinlich ein Gag, erinnert mich auch an die Werbeparodien von früher: Wenn's vorne juckt und hinten beißt, nimm Klosterfrau Melissengeist.

Wer einmal nur die Woche kann und möchte gerne täglich, der wende sich an Neckermann, denn Neckermann macht's möglich. Und wer es nur noch langsam kann und nicht mehr auf die Schnelle, der schreibe nicht an Neckermann, der wende sich an Quelle.

In Berlin gab es mal eine Hörfunkwerbung für Media Markt. Stimme Bully: Magst noch auffen Cappuccino mit raufkommen?

Nein danke, ich mag keinen Kaffee, aber wir könnten noch ein bisschen poppen.

Manchmal ist mehr drin, als man denkt.

Alles, was Frauen sich wünschen, die neue DVD mit Mel Gibson, jetzt im Media Markt.

Eigentlich fahre ich aber mehr auf Nahrungsmittelwerbung ab:

Deine Zunge hängt den ganzen Tag nur rum? Dein Geschmackssinn findet alles sinnlos? Bring Aufregung in Dein Leben. Mit Chio Chips Hot Peperoni.

Chips sind eine höllische Erfindung. Sie schmecken super, machen dick, und es macht so ein tolles Geräusch, wenn man sich auf eine Chipstüte setzt. Ich habe nie verstanden, warum Pringles seine Chips in diese Dosen verpackt. Es sieht doof aus, und es macht kein schönes Geräusch, wenn man sich draufsetzt. Und ich finde, sie schmecken auch scheiße. Ich kann mir nur eines vorstellen, die Firma, die diese Pringlesdosen herstellt, wollte eigentlich Tennisbälle verkaufen, hatte diese Dosen, und dann kommt die Nachricht, der Tennisballlieferant ist pleite, und plötzlich sagt der Praktikant, ich kenne da einen Kartoffelbauern, der sitzt auf einem Berg Kartoffeln und weiß nicht, was er damit machen soll …

Ich denke mir oft aus Spaß Werbespots aus: So beispielsweise würde ich dasitzen, am Schreibtisch, Jesus kommt rein, nur mit Lendentuch, Sixpack und sagt: Na? Und ich: Hey, Jesus, du hast ja total abgenommen, ja, sagt er, ich schwimme jetzt und mache Weight Watchers, kein Brot mehr, nur Lamm und Salat. Fünf Kilo in dreißig Tagen. Folget mir nach. Umschnitt auf eine riesige Menschenmenge, die singt: Da simmer dabei …

Oder Möbelwerbung: Fünf Stühle stehen im Kreis, fünf Schauspieler und Calli Calmund, und dann Reise nach Jerusalem mit Calli, der gewinnt natürlich jede Runde, und jedes Mal geht sein Stuhl zu Bruch, nur in der fünften Runde nicht, und Calli sagt: »Dat is en Stuhl ohne Wenn und Aber, um dat mal janz klar zu sagen«, und dann kommt groß der Name der Möbelfirma. IKEA wird es nicht sein, aber egal.

Es gibt in Amerika einen Spot für Shampoo, wo die Frau wahnsinnig glücklich wird, weil sie ein bestimmtes Shampoo benutzt. Interessant, der Spot sagt nichts über die Haare, er sagt: Das Shampoo macht glücklich. Und ich würde es kaufen! Bei meinem Haar ist es doch scheißegal, welches Shampoo ich benütze, es sieht immer kacke aus, aber wenn der Gebrauch glücklich macht, her damit!

Werbung ist heute oft fantasievoll, mystisch, du weißt bis zum allerletzten Moment nicht, wofür geworben wird. Ich finde diese Art gut. Meine eigenen Bücher würde ich so bewerben: Dunkle Gasse, eine Frau stöckelt so entlang, plötzlich tauchen zwei finstere Typen auf, bedrohen sie, sie zieht eine Waffe und erschießt die beiden, bläst den Pulverdampf weg und sagt: Ich lass mir doch Lippes Buch nicht klauen. Standbild, rote Schrift, wo es unten so verläuft: Jürgen von der Lippe – Zum Schießen.

Wir danken für Ihr Verständnis

Jeder kennt das: Sie fahren auf der Autobahn auf einer langen einspurigen Strecke mit Begrenzung auf dreißig Stundenkilometer, weil die zweite Spur wegen Bauarbeiten gesperrt ist, ohne dass man irgendjemanden arbeiten sieht, die Autobahnmeisterei hat aber sehr wohl Zeit, Geld und Personal, um dieses dämlichste aller Schilder anzubringen: Wir danken für Ihr Verständnis.

Man kann im Gebet fürs tägliche Brot danken, für eine Runde Schnaps im Lokal, dem Arzt für die Heilung, der Putzfrau für ihre Mühe, der Prostituierten für ihre Geduld, es gibt den ironischen Dank, zum Beispiel wenn eine Fluglinie auf ihre Kotztüten schreibt: Wir danken für Ihre Kritik, das hat Klasse, aber man kann nicht für ein Verständnis danken, das nicht vorhanden ist!

Man kann nur ahnen, wohin diese Unsitte noch führen wird, im Hotel zum Beispiel: »Um Zeit und damit Personal zu sparen, wird unser Reinigungspersonal Ihre »Bitte nicht stören«-Schilder in Zukunft ignorieren, das Zimmer aufschließen und reinigen. Wir danken für Ihr Verständnis.« Das wird vermutlich nur aus dem Grunde nicht gemacht, weil dann öfter bewusstlose Putzleute in Hotelfluren liegen würden mit einem Klebezettel an der Stirn: Habe gedacht, du bist ein Einbrecher und dir den Wasserkocher auf die Rübe gehauen. Ich danke für dein Verständnis. Echte Einbrecher werden womöglich einen Klebezettel mit folgender Aufschrift hinterlassen: Die Schere zwischen

Arm und Reich klafft in Deutschland immer weiter auseinander. Wir wollten die Dinge im Rahmen unserer Möglichkeiten ein klein wenig zurechtrücken. Wir danken für Ihr Verständnis.

Es ist derselbe euphemistische Schwachsinn, wie er in der politisch korrekten Sprache üblich ist. So soll ja zur Personenbeschreibung nicht die Hautfarbe, sondern die Herkunft herangezogen werden, also etwa Afrodeutscher oder Afroamerikaner. Schwarz oder farbig darf man nicht sagen, aber auch nicht immer, denn der alte weiße Mann ist ja das Schimpfwort der Stunde in der MeToo-Debatte. Hier wird im Dreierpack diskriminiert: wegen Alter, Hautfarbe und Geschlecht. In einem Artikel über MUFs, Modulunterkünfte für Flüchtlinge, erfuhr ich, dass man auch nicht mehr Flüchtlinge sagen soll, man kann jetzt wählen zwischen Geflüchteten, Schutzsuchenden, Asylsuchenden, Zuziehenden oder Migranten. Dieser Partizip-Fimmel hat ja schon bei Studierende statt Studenten Hunderttausende an öffentlichen Geldern für Änderungen an Ausweisen und anderen Formularen gekostet, bleibt aber sprachlicher Unfug. Der Satz: »Die verwesenden Studierenden wurden endlich bestattet« beweist das. Auch der Schutzsuchende sucht doch in Deutschland keinen Schutz: Er kommt hierher, weil er hier keinen Schutz vor der eigenen Regierung, Regimegegnern, russischen Bombern, Islamisten und so weiter braucht. Was er hier braucht, ist Schutz vor Neonazis. Auch der Asylsuchende sucht nicht unbedingt Asyl, sondern ist vielleicht ein Wirtschaftsflüchtling, was man ja nicht mehr sagen darf, aber »Wirtschaftsgeflüchteter« klingt auch doof.

Das Beste ist der Zuziehende, vor allem wenn man ihn anders betont, das Wort also als Gerundivum oder Zu-Partizip begreift, wie bei »der Auszubildende«. Dann ist der Zuziehende nämlich einer, der gezogen werden muss.

Warum macht man diesen ganzen Schwachsinn? Weil sich angeblich über die Sprache Diskriminierung positiv beeinflussen lässt, wofür es keinerlei Belege gibt. Es ist reine Kosmetik, wie edle Hautcreme, von der jeder Dermatologe sagt, dass sie nur teuer ist und nichts nützt. Wir danken für Ihr Verständnis. Der PC-Sprecher möchte durch seinen Sprachgebrauch den Eindruck vermitteln, dass er ein toleranter, vorurteilsfreier Gutmensch ist. Das haben Psychologen nämlich herausgefunden: Es ist den meisten nicht wichtig, ein guter Mensch zu sein, sondern dass die anderen denken, man sei einer. Sollte ich Sie damit gekränkt haben, danke ich für Ihr Verständnis.

Damit sind wir wieder bei der Eingangsfrage: Was ist zu tun? Sich beschweren nützt gar nichts. Man sollte den Satz einfach so inflationär gebrauchen, dass alle ihn irgendwann satthaben. »Ihr Hund hat in mein Erdbeerbeet gekackt. Ich habe den Haufen mit viel Mühe in Ihren Briefkasten verbracht. Ich danke für Ihr Verständnis.«

Ich hoffe nicht, dass ich damit Menschen mit krimineller Energie auf dumme Gedanken gebracht habe, danke den potenziellen Opfern aber schon mal für ihr Verständnis.

Wissen, wann Schluss ist

Den Witz kennt jeder: Zwei Typen kommen aus dem Casino, der eine nackt, der andere in der Unterhose, und der Nackte sagt: Dafür beneide ich dich, du weißt immer, wann Schluss ist.

Ich habe übrigens ein sehr vernünftiges System entwickelt. Ich gehe ins Casino, lasse mir für hundert Euro Chips geben, nicht mehr. Und damit spiele ich. Und wenn die Chips alle sind, hol ich mir für hundert Euro neue. Ein Scherz. Aber die meisten Menschen wissen eben nicht, wann Schluss ist, und sie wissen auch nicht, was gut für sie ist. Und selbst wenn man es weiß, gibt es immer noch einen Kumpel, der einen überreden will.

Beim Trinken zum Beispiel: Komm, wir saufen noch einen, nein, ich hab genug, ich auch, komm, nur einer, nein, ich muss noch fahren, ich auch, meinst du, ich fliege mit 'ner Drohne nach Haus? Komm, ich zahle auch, so jung kommen wir nie mehr zusammen. Nein, wirklich nicht, komm, ein Gläschen, ich hab bald Geburtstag, nein, mir wird gleich schlecht, mir auch, komm, eine Schorle, nein. Warum wird man gerade beim Trinken so genötigt, das gibt es doch bei anderen Sachen auch nicht, beim Essen beispielsweise: Was wollen Sie essen, Fisch? Nein, Fisch mag ich nicht, kommen Sie, 'nen halben, oder möchten Sie mit mir schlafen? Nein, bloß nicht, kommen Sie, fünf Minuten.

Essenswettbewerbe sind auch so ein Punkt: Wer schafft die meisten Hamburger in einer Stunde? Den Rekord von 69 Hamburgern hält ein Japaner. Oder wer frisst die schärfste Currywurst mit zwei Millionen Scoville Schärfegrad. Was soll das? Warum essen Menschen nicht Dinge, die Ihnen bekommen, und nur so viel, bis sie satt sind? Die alten Römer haben angeblich mit der Völlerei angefangen, haben sich, wenn sie satt waren, mit einer Feder im Hals gekitzelt, damit sie kotzen konnten, um weiteressen zu können.

Oder Sport, praktisch das Paradebeispiel fürs Übertreiben: Jeder kennt Bodybuilder mit so dicken Armen, dass sie sie nicht mehr gebeugt kriegen, um sich die Nase zu putzen.

Laien sind auch nicht vernünftiger: Du hast dir vorgenommen, ich halte den Berlin-Marathon durch, alle deine Freunde sind da, die meisten in der Nähe des Ziels, du hast hundert Euro Startgebühr gelatzt, du hast trainiert, zwei Mal, du hast bei der Pasta-Party am Vorabend schon übertrieben, vier Teller hätten nicht sein müssen, du läufst los, nach fünf Minuten bist du Letzter, läufst weiter, willst unbedingt einmal das Runner's High erleben, dann musst du kotzen und denkst, aha, das war es also, die Zuschauer feuern dich an: Gib alles, Keule, unter zwölf Stunden bleiben, ist die Devise. Der Wadenmuskel macht dicht, und du gibst auf … richtig, aber noch besser wäre gewesen, du hättest dich in der Kneipe nicht bequatschen lassen …

Boxen. Genau dasselbe. Wo bin ich? In der Ringecke, atmen, mein Junge, atmen … Geht nich, tut weh, da ist was mit den Rippen. Kümmer dich nicht drum, der ist fertig, den hast du in der nächsten Runde, der will schon aufgeben … Ich auch … Kommt nich infrage, du hast so hart trainiert … Ich will nicht mehr … Komm, jetzt reiß dich zusammen, guck mal, die Blutung haben wir schon gestillt … Aber ich seh nur noch mit einem Auge … Das sind fünfzig Prozent, andere haben viel weniger Sehkraft … Die boxen auch nicht … So, det war der

Gong, und hoch, mach ihn fertig! – Das muss doch alles nicht sein!

Oder Sauna: In Helsinki, Finnland, finden jedes Jahr Saunaweltmeisterschaften statt. Vor einigen Jahren waren die beiden Finalisten ein Finne und ein Russe. Beide kollabierten. Nach sechs Minuten bei hundertzehn Grad, alle dreißig Sekunden ein Aufguss. Der Finne überlebte schwer verbrüht, der Russe nicht, damit war der Finne Weltmeister. Saunieren fällt ja unter Wellness. Wie bewirbt man so einen Wettbewerb: Fühl dich super, fühl dich besser, fühl dich tot?

Gruppensex dasselbe: Jeder wird mir bestätigen, dass sich das irgendwann zieht, man ist müde, alles tut einem weh, die Leute kennt man mittlerweile auch, man denkt, jetzt ein schönes Bier und dann pennen, und dann kommt noch jemand Neues dazu, entschuldigt, ich war Schuhe kaufen, aber jetzt geht die Party richtig los …

Oder Heiraten: Schröder fünf Mal! Wie oft muss ein Mann heiraten, bis er rafft, dass es nicht sein Ding ist?

Es gibt ja auch Leute, die sich jede Menge Zeugs, das nicht dazu gedacht ist, in den Hintern schieben, die Proktologen unter Ihnen werden begeistert nicken.

Plastik- und Glasflaschen, Gurken, Karotten, Glühbirnen, Leuchtröhren, Axtstiele, Schraubenzieher und Vibratoren. All das hat man schon aus – vornehmlich männlichen – Gesäßen jeden Alters geklaubt.

Ein britischer Kriegsveteran wartete mit einem explosiven Artilleriegeschoss auf, mit dem er angeblich seine Hämorrhoiden weiter hineinbefördern wollte.

Ein schwules Pärchen kippte sich mithilfe eines Trichters flüssigen Zement in den Arsch. Nach der Aushärtung musste der Zementblock operativ entfernt werden.

Vielleicht ist die Forderung, nur vernünftige Dinge zu tun, zu ambitioniert. Vielleicht sollten wir für den Anfang mal versuchen, unvernünftige Dinge zu unterlassen. E-Roller fahren zum Beispiel.

Botago

Er: Kommst du mit zum Strand?

Sie: Du überraschst mich immer wieder.

Er: Wieso?

Sie: Bochum hat keinen Strand.

Er: Richtig, aber Botago.

Sie: Wo soll das denn sein?

Er: Botago ist nach Trinidad die kleinere der beiden Hauptinseln des vor der Nordküste Südamerikas gelegenen Inselstaats Trinidad und Botago. Und Pigeon Point ist der bekannteste Badestrand Botagos im Westen der Insel. Das Foto mit den Palmen, dem stahlblauen Meer und der Palmhütte auf dem Steg habe ich als Desktop-Hintergund.

Sie: Ah, du meinst das Botago bei Dinitrad.

Er: Dinitrad? Du meinst Trinidad.

Sie: Ach, es heißt Trinidad, dann heißt Botago vielleicht auch Tobago?

Er: Willst du jetzt Korinthen kacken oder mitkommen?

Sie: Wie lange dauert der Flug?

Er: Wie lange wird der dauern, nach Mallorca dauert es zweieinhalb Stunden, dann wird er vielleicht ein, zwei Stunden länger sein.

Sie: Gut geschätzt, ich hab's gerade gegoogelt: zwischen zehn Stunden, wenn man direkt fliegt, und etwa zwanzig Stunden, wenn man in London und Miami zwischenlandet, von Frankfurt aus.

Er: Wie, wir müssen erst noch nach Frankfurt? Da hab ich schon keine Lust mehr. Obwohl mich die Küche sehr reizt, also in Botago, eine Mischung aus afrikanischer und indischer Küche, und das Klima ist toll, immer so um die 28 Grad.

Sie: 28 Grad haben wir heute hier auch, und letzten Monat hat hier auch ein karibisches Restaurant aufgemacht. Was es hier allerdings nicht gibt, sind Stechmücken, die das Denguefieber übertragen, US-Steckdosen mit 110 Volt Spannung, ungenießbares Wasser aus der Leitung und eine sehr hohe Mordrate.

Er: Du kennst dich aber gut aus, kann man da heiraten?

Sie: Oh ja, es gibt zahlreiche Unternehmen, die sich auf Hochzeiten in der Karibik spezialisiert haben.

Er: Dann machen wir Folgendes: Wir gehen ins Freibad, dann ins Aquarienhaus im Tierpark, gucken uns die Haie an und danach in das karibische Restaurant.

Sie: Und was ist mit Heiraten?

Er: Nichts.

Sie: Warum nicht?

Er: Aus rechtlichen Gründen.

Sie: Welche rechtlichen Gründe?

Er: Es sind auch nicht nur rechtliche Gründe, auch private.

Sie: Als da wären?

Er: Evelyn.

Sie: Wer ist Evelyn?

Er: Meine Frau.

Sie: Das wusste ich ja gar nicht!

Er: Man kann nicht alles wissen, dafür weißt du ja jede Menge über die Karibik.

Sie: Gut, dann ist der Abend nach dem Restaurantbesuch zu Ende.

Er: Wieso das?

Sie: Ich schlafe nicht mit verheirateten Männern.

Er: Aber das tust du doch seit acht Jahren.

Sie: Aber ich wusste es nicht.

Er: Aber wenn ich mich scheiden lassen und dich heiraten würde, würdest du doch auch mit einem verheirateten Mann schlafen.

Sie: Auch wieder wahr. Lass uns essen gehen.

Er: Wie findest du die Geschichte, Schatz?

Sie: Scheiße.

Er: Ich auch. Gott sei Dank ist sie nicht von mir.

Sie: Von wem denn?

Er: Darf ich nicht sagen, nur so viel: Der Kollege zahlt einen Haufen Geld dafür, dass ich die Geschichte ins Buch nehme.

Sie: Reicht das Geld für eine Reise nach Tobago?

Er: Nein.

Sie: Dann wirst du den Rest wohl zuzahlen.

Zahlenflirt

Frauen bekommen laut Statistik nur in 18 Prozent der Fälle mit, ob ihr Gegenüber mit ihnen flirtet, Männer in 36 Prozent der Fälle. Ob diese Zahlen belastbar sind, wie es so schön heißt, kann bezweifelt werden.

Nicht eingeflossen ist vermutlich die Zahl der Frauen, die das Nichtbemerken des Flirtversuchs vorgetäuscht haben, weil sie keinen Bock auf den Probanden hatten. Und das hat der Versuchsleiter natürlich auch nicht bemerkt. Männer dagegen täuschen nicht vor, sie übertreiben.

Das heißt, 20 Prozent der Männer haben einfach behauptet, die Frau habe sie angeflirtet und der Versuchsleiter hat es geglaubt. Trotzdem sind die Zahlen besorgniserregend. Folglich müssen die Flirtversuche wirkungsvoller werden. Ich setze immer gern auf nutzloses Wissen, Fakten, die keiner zum Überleben braucht, die beim Small Talk aber gute Dienste leisten können, wie zum Beispiel die Tatsache, dass der linke Hoden bei Männern ein bis zwei Zentimeter tiefer hängt, damit die Orchis beim Rumlaufen nicht gegeneinanderstoßen. Das könnte doch eine Flirteröffnung sein, die keine Frau kaltlässt, denke ich. Und so könnte der Dialog laufen:

»Übrigens, mein linker Hoden hängt etwa zwei Zentimeter tiefer als der rechte, ich sage das nur, falls Sie später fragen sollten.«

»Muss ich nicht. Das ist bei allen Männern so.«

»Woher wissen Sie das?«

»Ich habe das Buch geschrieben, aus dem Sie diese Weisheit haben.«

Dann kann der Mann gleich zurück zu seinen Kumpels gehen und sagen: »Die Alte kannste knicken, ist nicht mein Typ und gehört zu den 82 Prozent, die nicht raffen, wenn man sie anbaggert.«

Und jetzt drehen wir's um. Wie könnte der Dialog aussehen, wenn die Frau die Initiative ergreift?

»Ich habe gerade gelesen, dass bei allen Männern der linke Hoden ein bis zwei Zentimeter tiefer hängt, ist das bei Ihnen auch so?«

»Nein.«

»Wieso nicht?«

»Ich habe nur einen Hoden, den rechten. Aber keine Sorge, der rechte schuftet für zwei, ich trinke nur noch aus, dann können wir gehen, damit Sie sich selber davon überzeugen können.«

Eine halbe Stunde später: »Du hast ja doch zwei Hoden, du hast mich angelogen.«

»Aber ich habe dir nicht zu viel versprochen, wie die meisten Männer.«

»Das stimmt, also mach weiter.«

»Sag mal, wie heißt du noch?«

»Emma.«

»Genau, du hast ja eine Beinprothese, davon hast du aber nichts gesagt.«

»Du hast ja nicht gefragt, und Paul McCartney hat das auch nicht gestört.«

»Du warst mit Paul McCartney in der Kiste?«

»Quatsch, Paul McCartney war mit Heather Mills verheiratet, und die hatte eine Beinprothese.«

»Was heißt, war verheiratet?«

»Sie sind geschieden.«

»Also hat es ihn doch gestört.«

»Hör auf zu quatschen, mach weiter.«

»Emma, gibt es noch etwas, das ich wissen sollte?«

»Wenn du so fragst: Ich war mal ein Mann.«

»Bitte?«

»Quatsch, ich wollte nur deine Reaktion sehen …«

Und wenn seine Erektion das übersteht, kann das doch enden wie im Märchen: Und wenn sie nicht gestorben sind, schrubbern sie noch heute!

Zugucken

Zugucken ist eine feine Sache, und wichtig, etwa beim Sport. Der Sport braucht zahlende Zuschauer, um sich zu finanzieren. Manchmal ist es auch umsonst.

Meine Taucherbrille hat es mir im Urlaub ermöglicht, beim Schwimmen im Meer zu registrieren, dass eine Schwimmerin, die meine Bahn kreuzte, nackt war. Das hat mich froh gestimmt, ich habe auch meiner Frau nichts davon erzählt. Früher, als ich Kind war und wir keinen Fernseher hatten, haben meine Mutter und ich auf ein Kissen gestützt aus dem Fenster geguckt. Es war eine belebte Straße, man hat immer gehofft, dass ein Unfall passiert oder wenigstens jemand hinfällt. Bevor Sie das jetzt moralisch verurteilen, sollten Sie eines wissen: Man hat festgestellt, dass bereits Zweijährige positiv auf Missgeschicke anderer reagieren. Genau wie Krähen oder Affen.

Es gibt Dinge, die sich mehr zum Zugucken eignen als andere. Boxen ist interessanter als Wandern, Striptease interessanter als Briefmarken in ein Album sortieren. Jemanden schminken kann sehr interessant sein in Hinblick auf das Ergebnis. Wenn ein guter Maskenbildner Judith Rakers in Angela Merkel verwandelt, finde ich das interessant, umgekehrt fände ich es vielleicht noch interessanter. Was ich nicht ganz so spannend finde, ist, jemandem beim Angeln zuzugucken. Und dann womöglich noch Fragen stellen, wie: »Beißen sie?« Um dann womöglich diese Antwort zu hören: »Warum, haben Sie Angst?« Oder: »Nur wenn ich wütend bin.«

In Amerika gibt es im Fernsehen einen eigenen Angelkanal. Da sitzen dann allen Ernstes Menschen vor dem Fernseher, um zuzuschauen, wie andere Menschen versuchen, einen Fisch zu fangen. Sicher zeichnen die meisten diese Übertragungen auf, um das häppchenweise gucken zu können, weil sie sonst die Spannung nicht ertrügen.

Ich habe mir das wirklich mal angeschaut, gut, da hatten wir was geraucht, aber das Tollste war der Abspann am Schluss, da erfuhr man dann, dass über hundert Leute daran mitgewirkt hatten, diese zwei Typen beim Angeln zu filmen. Den schlimmsten Job hat natürlich die arme Sau, die aus diesen acht Stunden Material die spannendsten Szenen zusammensuchen muss, um auf anderthalb Stunden zu kommen.

Man angelt ja mit Würmern. Das habe ich auch nie verstanden.

Fische leben im Wasser, Würmer in der Erde. Wo ist die Verbindung? Haben Sie schon mal einen Fisch gesehen, der mit Schäufelchen und Eimer an Land geht, um nach Würmern zu graben?

Was ich auch lustig finde, ist, wenn Angler sich tierlieb gebärden. »Komm mein Freund, du bist noch zu klein für die Bratpfanne. Ich gebe dir die Freiheit zurück.«

Und dann löst er die Flunder vom Haken und wirft sie ins kühle Nass zurück. »Ahoi, mein kleiner Freund, lass es dir gut gehen und wachs noch ein Stück!« Und der Fisch würde sich gern die schmerzende Unterlippe halten und denkt: »Du blödes Arschloch.«

Aber genau das spiegelt die Auffassung vieler Amerikaner wider: für die Todesstrafe, aber gegen Abtreibung. Du bist noch zu klein, um getötet zu werden, wir warten, bis du größer bist. Amerikaner sagen auch oft: Die Todesstrafe ist noch viel zu milde für diese Verbrecher. Das ist eine interessante Frage: Wie könnte man die Todesstrafe härter gestalten?

Vielleicht indem der Delinquent den Strom für den elektrischen Stuhl selber erzeugen muss, auf einem Ergometer, oder man streut ihm Reißzwecken auf die Sitzfläche vom elektrischen Stuhl, oder man tut erst mal gar kein Gift in die Giftspritze und lässt ihn drei Stunden schmoren. Was war noch mal das Thema? Zugucken. Das kann man natürlich auch bei der Todesstrafe. Wenn man will.

Sprechen wir abschließend noch über die Gefühle dessen, dem zugeguckt wird. Es gibt ja dauernd neue Sportarten, die damit werben: Geringerer Zeitaufwand als in der Muckibude bei gleichem Ergebnis. Zum Beispiel Power Plate. Da sitzen Sie auf einer Eisenplatte, die Sie so durchrüttelt, dass Ihnen die Plomben rausfallen. Nachdem meine Zähne neu gefüllt waren, dachte ich, was machst du jetzt Schönes, und entdeckte eine ebenfalls stromgestützte Sportart namens Bodystreet. Der Name kommt wohl daher, dass jeder, der auf der Straße vorbeigeht, die armen Idioten, die das machen, wie in einem Schaufenster in erniedrigenden Positionen betrachten kann.

Ich stand also im Schaufenster, trug extraleitfähige Unterwäsche, die man vorher mit Wasser befeuchtet hatte, eine enge Gummiweste, Pogurt, Bizeps- und Schenkelgurt, und während eine Stromladung durch meinen Körper schoss, die jeden anderen ins Jenseits befördert hätte, forderte mein Trainer mich auf, ihm Dinge nachzutun, Positionen einzunehmen wie den Supermann, den Fötus und andere Haltungen, die Muskelanspannung erfordern. Nun war gerade die Schule aus, acht oder zehn Jugendliche schlenderten rauchend vorbei, und ich betete: Lieber Gott, mach, dass sie mich nicht mehr kennen, ich habe nur noch drei Minuten, und ich will nicht, dass sie sich lachend die Nase an der Scheibe platt drücken und despektierliche Äußerungen über meinen Körper machen …

Und da habe ich festgestellt, Gott ist offenbar nachtragend. Ich bin mit zweiundzwanzig aus der Kirche ausgetreten, und das hat er mir wohl bis heute nicht verziehen, oder bis zu diesem Zeitpunkt, wo die Rotzlöffel sich über mich totgelacht haben. Sie fragen sich vielleicht: Warum macht der alte Mann das? Dazu muss ich ein wenig ausholen. Meine Frau sagte irgendwann beim Frühstück: »Was hältst du davon, wenn du weniger Fett zu dir nimmst und dafür mehr Sport treibst?«

Ich versetzte: »Weib, was redest du? Ich nehme kaum Fett zu mir. Süßigkeiten haben wenig Fett, Bier und Wein gar keins. Weißbrot, Nudeln, kaum Fett.«

Und jetzt kommt's. Man weiß: Die Deutschen treiben mehr Sport, trotzdem werden sie nicht schlanker. Natürlich nicht, Muskeln tragen auf, vor allem, wenn man so veranlagt ist wie ich. Schwerathleten haben alle einen Body-Mass-Index über dreißig, gelten also nach dieser schwachsinnigen Theorie als adipös.

Wenn Sie sich meine Kleidung mal wegdenken, was nur charakterlich gefestigte Menschen tun sollten, würde Ihnen angst und bange werden. Ich muss mich in der Muckibude echt bremsen, weil das Krafttraining so anschlägt. Da können Sie den Muskeln beim Wachsen praktisch zugucken! Ich war letztens in Köln, beim WDR, steige aus dem Taxi, gehe ins Gebäude und denke noch, was geht die Drehtür so schwer, und erst da habe ich gemerkt, dass ich vergessen hatte, den Sicherheitsgurt abzulegen. Also, die meisten Männer sind nicht dick, sondern kräftig. Dick sind sie, wenn sie im Fahrstuhl den Knopf für den 1. Stock drücken, und das Ding fährt in den Keller.

Sex ist wie Mehl

Letztens bekam ich unfreiwillig mit, wie an der Hotelbar ein Mann eine Frau anbaggerte. Die Dame erzählte, dass sie beabsichtige, sich einen Hund zuzulegen. Der Typ ging gleich in die Vollen: »Ich finde wichtig, dass der Hund einen originellen Namen hat. Da ich eine Ader für Synästhesie habe, würde ich ihn nach dem ersten Gewürz nennen, das ich in seiner Gesellschaft auf der Zunge spüre, Meersalz, Lemon, Curry, Kardamom, Habanero, Liebstöckel, Safran. Aber es gibt ein Gewürz, das ausscheidet: Beifuß. Wer seinen Hund Beifuß nennt, treibt ihn in die Verstörung. Beifuß, bei Fuß, bei Fuß, Beifuß, braver Beifuß. Wird Ihr Hund eigentlich zu Ihnen ins Bett dürfen? Ja? Beneidenswert.

Ich ziehe menschliche Gesellschaft vor, trotz etlicher Enttäuschungen, die ich erlitten habe. Ich bin ein unverbesserlicher Optimist. Aber wenn Sie Ihren Hund erst haben, wird er das Bett natürlich als sein Revier ansehen und jeden Mann wegbeißen. Diese Entscheidung, Mann oder Hund im Bett, ist also nicht revidierbar und sollte gut überlegt sein. Wenn Sie bei dieser Entscheidung Hilfe brauchen, können Sie auf mich zählen!«

Die Dame ging dann zeitnah. Selbst schuld, dachte ich bei mir, der Einstieg mit dem Hund war ja nicht verkehrt, aber diese plumpe Schlusskurve hin zum Bett geht natürlich gar nicht. Da hätte er gleich sagen können: Ich bin Erfinder, ich habe die sprechende Hand erfunden. Wollen Sie mit mir schlafen? Und dabei lässt man die rechte oder linke Hand quasi als Handpuppe sprechen.

Oder noch schlimmer: Ich habe gerade ein Gedicht über uns beide geschrieben: Sieh die Haare, wie sie fliegen, wenn wir uns im Tanze wiegen, sieh die Gräser, wie sie knicken, wenn wir auf der Wiese liegen. Erkennen Sie sich darin wieder, und wenn ja, müssen wir unbedingt vorher tanzen?

Ich glaube, so ähnlich hätte Prinz Philip, der alte Haudegen, geflirtet. Auf seine Neigung, nur ja keinen Fettnapf auszulassen, war ja immer Verlass. '97 begrüßte er Helmut Kohl auf der Hannover-Messe mit: »Guten Tag, Herr Reichskanzler.« Ob Kohl wechseln konnte und so was sagte wie »Hallöchen, Prinz Charming, Ihre Uhr ist offenbar am 30. April '45 stehen geblieben. Wollen wir sie noch mal aufziehen, oder lohnt das nicht mehr?«, ist nicht überliefert.

2004 sagte er zu einer 29 Jahre alten Rollstuhlfahrerin: »Sie sind in dem Ding ein Sicherheitsrisiko.«

Ich hätte ihr als Antwort gerne empfohlen: »Genau, und wenn Sie nicht aufpassen, fahr ich Ihnen Ihren königlichen Arsch ab.«

2003 fragte er die Modejournalistin Serena French auf einer Party: »Sie tragen keine Nerzunterwäsche, oder?« Vielleicht hat sie geantwortet: »Nein, Sie ja wohl auch keine Eierbecher aus Elfenbein!« Schön wär's gewesen.

Unvergessen sein gekonnter Flirt mit einer Eingeborenen in Kenia 1984. »Sie sind doch eine Frau, oder?« Meine Wunschantwort: »Wenn Sie nicht so alt und klapprig wären, würde ich sagen, kommen Sie mit und finden Sie's raus!«

Ein Wort für die Ewigkeit ist natürlich sein Kommentar über die Ehe: Wenn ein Mann einer Frau die Autotür aufhält, ist entweder die Frau neu oder das Auto.

Halten Sie mich für gestrig, aber in diesen Zeiten, wo die Political Correctness einem die Freude an der Sprache manchmal verderben kann, finde ich so einen royalen Rabauken doch sehr erfrischend. Ich bin ja nun aus dem Alter raus, wo man Frauen an Hotelbars anspricht, aber träumen wird man ja noch dürfen.

Nehmen wir an, Frau Macron sitzt an der Bar, ich komme dazu und sage: »Als ich Sie eben sah, wusste ich plötzlich, was Schopenhauer gemeint hat, als er sein Hauptwerk *Die Welt als Wille und Vorstellung* nannte. In meinem Herzen nahm ein Wille Gestalt an, gleichzeitig machte sich mein Hirn präzise Vorstellungen. Und bestärkt sehe ich mich durch ein anderes Zitat von Schopenhauer: Die Genitalien sind der eigentliche Brennpunkt des Willens. Sind Sie auch Schopenhauer-Fan, oder haben wir da keine Ebene?«

Gut, nun kann ich kein Französisch, aber wenn da nun Kronprinzessin Victoria von Schweden an der Bar säße, sähe die Sache anders aus. Da würde ich sagen: »Hallo, Hoheit, hören Sie auch manchmal Stimmen im Kopf? Ich ganz oft. Und sie sprechen Schwedisch. Gerade jetzt wieder: Säg till henne att du will sova met henne! Das bedeutet: Sag ihr, dass du mit ihr … Sie verstehen.«

Mein persönlicher Liebling ist aber das hier, eine exotische Melange aus Machismo und Spiritualität. Das würde passen, wenn Margot Käßmann an der Bar säße: »Soll ich Ihnen mal etwas Verrücktes erzählen? Letztens haben zwei Zeuginnen Jehovas bei mir geklingelt und wollten mit mir über ihren Glauben reden. Nach einer halben Stunde sind wir im Bett gelandet. Die eine war etwas ängstlich und sagte: Glaubst du, dass Gott sieht, was wir tun? Ich sagte: Selbstverständlich! Gott sieht alles, und so was sieht er am liebsten! Wollen wir ihm nicht die kleine Freude machen?«

Ist natürlich alles nur eine kleine literarische Übung. Aber dazu gehört auch, dass man sich im Falle einer Abfuhr einen hübschen Abgang verschafft. Und da wären meine letzten Worte: »Verstehe, Sie sind nicht interessiert. Nicht schlimm. Eigentlich habe ich mein Wochensoll schon übererfüllt. Und wie sagt die alte Müllerweisheit? Sex ist wie Mehl. Zu viel und der Sack platzt.«

Coronachtrag

Coviddewiddewit bum bum

Corona überschattet dieser Tage alle Bereiche des öffentlichen und privaten, auch des sehr privaten Lebens, zum Beispiel den Furz. Er hat Freunde und Feinde, Gegner und Befürworter. Beginnen wir mit Letzteren.

Körpergase helfen bei der Behandlung einer Vielzahl von Beschwerden, behaupten zumindest Wissenschaftler der britischen University of Exeter. Man kennt Schwefelwasserstoff als stechend scharfes, übel riechendes Gas in faulen Eiern und Fürzen. Doch der Körper stellt es selbst her, und es könnte in Zukunft einen starken Einfluss auf die Therapien bei den unterschiedlichsten Krankheiten haben, Diabetes oder Schlaganfall, Herzinfarkt, Demenz, denn der Stoff schütze die Mitochondrien, die für das Überleben der Zellen verantwortlich sind.

Die Wissenschaftler haben eine Verbindung namens AP39 entwickelt, die kleine Mengen des Gases in die Mitochondrien bringt. Wenn Sie also das nächste Mal jemand in der Warteschlange vor dem Zeitungsladen oder im Bus anfährt: »Sagen Sie mal, haben Sie gefurzt, Sie Ferkel?«, können Sie entgegnen: »Nein, ich habe Ihre Mitochondrien geschützt, macht fünf Euro, Aktionspreis, gilt nur heute!«

Aber wie heißt es so schön? Keine Rose ohne Dornen. In einem Podcast der Australian Broadcast Corporation erzählte Dr. Norman Shaw, Moderator des »Coronacast«, dass auch durch Furzen oder Deflatieren, wie der Mediziner sagt, Aerosole freigesetzt werden, sich also möglicherweise auch Corona verbreiten könnte. Scherzend warnte er deshalb seine Zuhörer: »Furzt niemals mit unbedecktem Hinterteil!«

Nun ist beim Mann der untere Ausgang in der Regel zweilagig gecovert, bei Frauen manchmal nicht, wenn wir uns mal an das Jahr 1992 erinnern. *Basic Instinct*, der Film, der Sharon Stone zu Weltruhm verhalf. In der berühmten Verhörszene schlägt sie die Beine übereinander, und fünf sabbernde Polizisten und viele Millionen Zuschauer sehen, dass sie keine Unterwäsche trägt. Und nicht erst seitdem denken viele Frauen an das Bibelwort: Gehet hin und tuet desgleichen. Macht ruhig, Mädels, denn Gott sei Dank wird dieser Ansteckungstheorie von verschiedenen Ärzten energisch widersprochen.

Sicherlich deflatieren Männer öfter und unbefangener als Frauen, zum Beispiel im Bett. Eine neue Studie aus England zeigte, dass Männer auch größere Gasmengen absondern als Frauen. Die Wissenschaftler schufen aber auch die Möglichkeit, die Gase zu konservieren, sodass ein Blindgeruchstest möglich wurde. Das heißt, die Tester wurden gebeten zu beschreiben, was sie riechen, ohne dass sie wussten, was sie da rochen. Die Kommentare reichten von »faule Eier« über kompostierende Lebensmittel bis zu »irgendwas Süßes«. Das Resümee lautete: Frauenfürze enthielten mehr Schwefelwasserstoff als männliche und wurden als unangenehmer empfunden. Da bekommt das Wort Frauenpower eine neue Konnotation. Jetzt versteht man auch das dem *Ulysses*-Autor James Joyce zugeschriebene Zitat besser: Ich würde den Furz meiner Frau in einem Raum voller Fürze erkennen.

Und Frauen lassen's ja mittlerweile ungeniert krachen. »Wer gar nicht pupst, ist ein schlechter Mikrobengastgeber«, sagt Giulia Enders, die über das Thema einen Weltbestseller geschrieben hat, *Darm mit Charme*. Die großartige Carolin Kebekus verriet in ihrem Bühnenprogramm »Alpha Pussy«, ihr Körper werde nach hemmungslosem Bierkonsum mitunter zur »Biogasanlage«, die es an Phonstärke mit jeder Harley-Davidson aufnehmen könnte.

Das sei in feministischer Hinsicht berichtenswert, weil Frauen ob ihrer Niedlichkeit ja gar keine Flatulenz zugetraut werde. Da muss ich was richtigstellen. Flatulenz ist die Blähung, also das Geschehen im Darminneren. Was hinten rauskommt, ist der Flatus, u-Deklination, der Plural lautet also nicht Flati, sondern Flatuuus, mit langem U.

Lassen Sie mich mit einem Zitat aus *Two and a half Men* schließen, das zeigt: Carolins Schwester im Geiste ist Berta, die tolle Haushälterin. Sie sagt zu einer von Charlies Gespielinnen: »Hey Barbie, nur so aus Neugier, wo fahren Sie denn hin, wenn Sie von hier wegfahren?« – »In die Muckibude, ich muss was für meinen Körper tun, er ist mein Instrument.« – »Meiner auch. Drei Bier und 'ne Bratwurst, und mein Arsch wird zum Waldhorn.« Wo man singt, da lass dich nieder, böse Menschen haben keine Lieder.

Post-Corona-Traum

Heute Nacht hatte ich einen intensiven und sehr realistischen Traum von meinem ersten Tourneestart irgendwann in der Zukunft, ohne Maske, ohne Abstand, wie früher. Und es ging alles schief, was ging. Schon die Anfahrt zum ersten Hotel ein Albtraum, sieben Stunden im strömenden Regen, wegen unfallbedingter Sperrungen mehrfach runter von der Autobahn und über die Dörfer, mit dreißig. Und ich dachte: Was willst du, das Auto fährt, wir werden irgendwann ankommen, morgen stehst du zum ersten Mal seit – keine Ahnung wann – wieder auf der Bühne und wirst wahrscheinlich anfangen zu weinen vor Freude.

Ankunft im Hotel. »Guten Abend Herr von der Lippe, hatten Sie eine angenehme Reise?« – »Ja, toll, es hat die ganze Zeit geschifft wie aus Eimern.« Die Rezeptionistin, ohne vom Computer aufzusehen: »Ach Gott, und dann noch das schlechte Wetter.« Ich wartete, bis sie ihren kleinen Fauxpas bemerkte, dann lachten wir beide herzlich, und ich dachte: Morgen werden die Menschen an deinen Lippen hängen und jeden Satz sofort verstehen.

Ich sagte: »Sagen Sie, ich finde es ziemlich kalt hier drin.« Sie: »Ja, die Heizung ist ausgefallen, man hat uns zugesagt, dass morgen jemand kommt.« Ich frage: »Betrifft das auch die Zimmer?« – »Ja leider, aber wir haben Ihnen natürlich einen Heizlüfter ins Zimmer gestellt.« Ich frage: »Aber sonst ist alles okay?« – »Ja natürlich, bis auf die Tatsache, dass Pool, Sauna und Fitnessbereich gerade renoviert werden, aber das hat man Ihnen sicher mitgeteilt.« Hatte man nicht. Früher hätte ich meine Agentur angewiesen, auf der Stelle ein anderes Hotel zu suchen, ein beheiztes, bei dem alles, wofür ich bezahle, funktioniert, so aber dachte ich: Sei freundlich, alter Mann, die junge Frau ist es auch, obwohl sie friert und nicht ins Bett kann, wie du.

Vor dem warmen Bett sollte es aber noch eine warme Mahlzeit im Hotelrestaurant geben. Mein Tourleiter und ich wollten Schnitzel Wiener Art mit Pommes und Salat, aber der Kellner meinte: »Ich muss mich entschuldigen, wir hatten eine Tagung, ganz überraschend, die haben so gut wie alles aufgegessen, und die Fritteuse ist kaputtgegangen.« Wir einigten uns dann auf Rotbarsch mit Mischgemüse und Salzkartoffeln, der Fisch war Tiefkühlware. Das wäre nicht schlimm, aber er hatte noch einen Eiskern. Früher hätte ich … So aber sagte ich: »Geben Sie dem Rotbarsch noch ein paar Minuten in möglichst warmer Umgebung, Fisch lutscht sich nicht so gut.« Dafür war der Wein zu warm, genau wie das Bier, auf das wir ausweichen wollten. Dafür hatte ich ein schönes großes Zimmer, in dem der arme kleine Heizlüfter nichts ausrichten konnte. Ich dachte, was soll's, morgen Abend wird dir schon warm werden von den Scheinwerfern, und das Gelächter und der Applaus werden dein Blut zum Kochen bringen, und außerdem kannst du auch im Mantel schlafen, wäre doch mal eine neue Erfahrung.

Am nächsten Tag stellte sich heraus, dass die Show, warum auch immer, schon um 19.30 Uhr begann, was wir nicht wussten, also um halb drei losfahren statt um drei und um 16.45 essen statt 17.15 wie sonst. Es gab aber vor Ort kein Restaurant, das so früh öffnete, also kauften wir im Supermarkt Salat,

Baguette und ein paar Bifis. Und ich dachte: Super, die hast du ja ewig nicht mehr gegessen, wie schön.

Der Soundcheck war eine Katastrophe, weil die Techniker unsere Boxen nicht aufhängen, sondern nur stellen konnten aus technischen Gründen, das heißt, die Leute auf dem Rang oder in den Bäumen, wie Otto immer sagt, würden schlecht hören und sich beschweren. Ich sagte: »Jungs, seid nicht sauer, Hauptsache, wir dürfen endlich wieder arbeiten.« Meine Garderobe war drei Treppen hoch, dafür war das einzige Klo für alle zwei Treppen runter, also insgesamt fünf Treppen. Ich dachte: Ein Glück, wenigstens etwas Sport, wo doch der Fitnessbereich im Hotel geschlossen ist.

Was soll ich sagen, es wurde einer der schönsten Auftritte meines Lebens, irgendjemand warf sogar einen sehr großen, gelb verfärbten Schlüpfer auf die Bühne. Wir haben uns dann auf der Autobahn noch einen Burger mit Pommes gegönnt, ich habe mir auch verkniffen, den sichtlich erschöpften Mitarbeiter, der die Bestellungen annahm, nach der Weinkarte zu fragen, denn natürlich ist im Tourbus immer eine kleine Weinauswahl vorrätig. Als wir das Hotel erreichten, war es beheizt. Ein schöner Traum.

Enttäuschung

2020 war ein an Enttäuschungen überreiches Jahr. Seit März Berufsverbot für meine gesamte Branche auf, vor und hinter der Bühne. Und nun kommt eine weitere Enttäuschung hinzu. Die Presse ist des Lobes voll über die Pharmaindustrie, die in Rekordzeit gleich mehrere Impfstoffe gegen Covid-19 entwickelt hat. Das ist toll, und ich werde gern von dem Angebot Gebrauch machen, wenn ich irgendwann eins erhalte. Bis dahin wird es aber sicher Lieferengpässe, Hiobsbotschaften von Nebenwirkungen, EU-Sanktionen, Kühlkettenunterbrechungen und anderes mehr geben.

Aber ich hatte ganz persönlich fest mit einem anderen Angebot gerechnet. Innerhalb weniger Wochen habe ich mehrfach im Deutschen Fernsehen den sportiven Senior gegeben, habe beim Camping mit Bettina Tiedjen Stehpaddeln betrieben sowie anspruchsvolle Rücken- und Bauchübungen präsentiert, mit Mario Barth ein knallhartes Boxtraining absolviert und bei Kai Pflaume ein Feuerwehrauto mit bloßen Händen etliche Meter weit gezogen. Ist es da wirklich zu viel verlangt, dass irgendein führender Pharmakonzern mir eine Werbung anbietet für ein Geriatrikum mit dem Schwerpunkt physiologische Leistungssteigerung? Es gibt fast keine Sportart, in der man mit mir keinen spektakulären Spot drehen könnte, der – Vorschlag – immer mit demselben Slogan enden würde: Ich weiß, Sie reiben sich jetzt die Augen und denken, das kann nicht sein, was dieses 72-jährige Energiebündel da leistet.

Ich aber sage euch: Doch kann es, mit eisernem Willen, Trainingsfleiß und Vondelippin, dem neuen Wundermittel, das jedem alten Sack Beine macht oder Flügel verleiht, daran feile ich noch. Bei Nebenwirkungen wie Dauererektion, raschem Gewichtsverlust oder muskulärer Hypertrophie fragen Sie keinen Arzt oder Apotheker, genießen Sie's einfach! Das ist mein Angebot, und je länger ich darüber nachdenke, desto mehr gerate ich ins Schwärmen.

Tennis mit Boris, Armdrücken mit dem Wendler, mit anschließender Taschenpfändung bei den beiden als kleine Zugabe. Gut, ein paar Einschränkungen gibt es. Eine Segeltour mit Greta Thunberg kann es leider nicht geben. Erst mal spricht sie sich nicht Thunberg oder Thünberg aus, sondern Grijeta Tünberri, aber das ist nicht der Punkt. Vielmehr leide ich an Nausea, Kinetose oder italienisch *mal di mare*. Auf den Färöer-Inseln gibt es ein hübsches Wort für mich: *sjó·verks·kíkur*, gesprochen Soweiks Kuikur. Das ist ein Kompositum aus *sjóverkur*, Seekrankheit, und *kíkur*, das ist der getrocknete Magen des Grindwals, der als Beutel zur Aufbewahrung von zum Beispiel Lebertran dient.

Ich bin also wörtlich übersetzt ein Seeschmerzbeutel, jemand, der sehr leicht seekrank wird. Aber fernab der Schiffsplanken ist vieles möglich. So habe ich mir schon oft vorgestellt, wie ich einem behinderten Delfin das Schwimmen beibringe.

Was noch ausscheidet, ist Stabhochsprung, weil ich glaube, dass diese Glasfiberstäbe nicht für meine Gewichtsklasse ausgelegt sind, und wer möchte schon, dass kurz vor dem Höhepunkt die Stange nachgibt. Marathonlauf ist auch keine Option, da ist mir der Zeitaufwand einfach zu groß. Zwei Stunden, was kann man da alles erledigen. Zum Beispiel über Geld reden.

Denn billig wird die Sache für euch nicht, damit das mal klar ist, aber wenn ich bedenke, was ich seit gut fünfzig Jahren allein für Nahrungsergänzungsmittel ausgegeben habe, sollten wir zu einer einvernehmlichen Lösung kommen, zumal ich euch für den Markennamen Vondelippin nichts berechnen würde. Ist das ein Wort? Also Pharmafolks, ich warte!

Prostitution

Die wunderbare Katharina Thalbach sagte im Mai 2020 in einem *Spiegel*-Interview: »Wir Künstler sind mit den Bordellen, Tanzschuppen und Schaustellern zusammen und allem, was Freude macht, nach hinten gerückt.« Das kann man so unterschreiben.

Nun haben auch noch sechzehn Parlamentarier von Union und SPD mit Verweis auf den Infektionsschutz einen langfristigen Shutdown für den Sexkauf gefordert. Das Gewerbe habe die Wirkung eines »epidemiologischen Superspreaders«, hieß es. »Sexuelle Handlungen sind in der Regel nicht mit Social Distancing vereinbar«, heißt es in dem Papier.

Bei der Nachverfolgung von Infektionsketten werde aller Voraussicht nach der Kontakt mit Prostituierten verschwiegen. Jetzt hat, Meldung vom 26. Mai 2020, 07.09 Uhr auf Spiegel online, der Bundesverband Sexuelle Dienstleistungen verlangt, die Schließungen aller Prostitutionsstätten wieder aufzuheben. Angesichts der eingedämmten Pandemie müsse es auch der Prostitutionsbranche ermöglicht werden, »wieder Einnahmen zu generieren und den Kunden einen guten Service zu bieten, der menschlich, stabilisierend und für sie insbesondere in Corona-Zeiten existenziell ist«, heißt es in dem Schreiben.

Stabilisierung ist natürlich eine Voraussetzung, sozusagen eine tragende Säule für die Inanspruchnahme eines guten Services. Man habe, wie andere Branchen auch, wir denken an den

Fußball, dazu ein entsprechendes Hygienekonzept erarbeitet und der Politik vorgelegt. Denn Sexarbeiterinnen hätten per se ein großes Interesse an Hygiene und ihrer Gesundheit. Weiter hieß es: »Wenn Sie in Ihrer Haltung noch nicht festgefahren und offen für andere Erfahrungen sind, laden wir Sie«, also die sechzehn Parlamentarier, also nur Männer offensichtlich, »nach der Corona-Öffnung gern zu einem Bordellbesuch ein. Sie können sich einen Eindruck über die Abläufe in den verschiedenen Segmenten verschaffen und mit Sexarbeiter*innen in den Dialog treten.«

Zeitgleich kam auch Bild-de mit der Meldung und zitierte Einzelheiten aus dem Hygienekonzept:

Maskenpflicht auf Fluren der Laufhäuser und in den Zimmern.

Herumstehen und miteinander unterhalten auf den Gängen ist verboten.

Die Abstandsregelungen von 1,50 Meter zu den einzelnen Prostituierten kann während der Anbahnungsgespräche aufgrund der Maskenpflicht kurzfristig unterschritten werden. Das verstehe ich jetzt nicht, denn herumstehen und unterhalten ist verboten. Wie soll ich denn ein Anbahnungsgespräch beginnen? An jede Tür klopfen und rufen: Ist da jemand?

In den Arbeitszimmern darf sich nur die Prostituierte und maximal ein Kunde aufhalten. Kein Gruppensex!

Name, E-Mail-Adresse oder Handynummer müssen, wenn es zum Vertragsabschluss mit der Prostituierten kommt, hinterlegt werden.

Für alle, die jetzt ihre Anonymität gefährdet sehen: Es ist keine Rede davon, dass die Angaben überprüft werden, also könnte man beispielsweise den Namen seines Pfarrers oder Landesvaters angeben. Rein theoretisch!

Körperkontakt ist nur beim Sex erlaubt. Hände schütteln und Umarmen ist verboten. Hallo? Sex ohne Umarmen. Ich hab das mal, als ich sehr jung war, als Variante probiert: Sex ohne Zuhilfenahme der Hände. Sehr anspruchsvoll, um nicht zu sagen, höchster Schwierigkeitsgrad. Und es verringert nicht die Distanz, wenn ich das noch anmerken darf.

Nur im Ausnahmefall, zum Beispiel bei »Französisch« oder Fellatio, um es korrekt auszudrücken, darf die Prostituierte die Maske abnehmen. Ich würde einen Schritt weitergehen und sagen: Sie sollte die Maske unbedingt abnehmen, um die Übung gelingen zu lassen. Ich habe an dieser Stelle lange herumformuliert, wollte ursprünglich sagen: um einen reibungslosen Ablauf der Aktion zu gewährleisten. Das hätte aber für unnötige Verwirrung gesorgt. Der Kunde muss sie weitertragen. Also die Maske, denke ich. Ich sehe schon die entsprechenden Filmszenen vor mir, und ich bin bestimmt nicht der Einzige.

Die Kommunikation mit der Kundschaft ist auf ein Minimum zu beschränken.

Heißt: Nicht viel schwätzen, sondern machen. Und dabei Fenster offen lassen – wegen der Belüftung. Wenn vorhanden, füge ich hinzu. Bei mir im Kiez ist ein Kellerpuff, wo nur nach vorne raus Fenster sind. Aber bei vielen Hotels kann man die Fenster auch nicht aufmachen, oder im ICE, oder im Flieger. Und da wird auch überall gevögelt. Gut, wird man sehen.

Also Sex im Puff mit Maske, kein Ding, geküsst wird traditionell eh nicht, aber es gibt natürlich eine Riesenchance für Frauen, die bei den üblichen Schönheitsstandards durchs Raster fallen würden. Da kann der Kunde sagen, hallo, du hast schöne Augen, leg dich hin. Corona als Chance, liest man ja immer wieder in diesen Tagen.

Das Gute an Corona

In vielen Sprachen gibt es das Sprichwort: In allem Schlechten steckt etwas Gutes. So auch in der Pandemie. Ich denke, es ist unser gutes Recht, gerade dort das wenige Gute zu suchen, um das viele Schlimme ertragen zu können.

Ich zum Beispiel ziehe großes Vergnügen aus der Flut von aktuellen Verordnungen und Gerichtsurteilen. Ich hoffe, auch Sie haben ein wenig Spaß an diesem Dialog:

»Guten Tag, Sie tragen keine Mund-Nasen-Bedeckung.«

»Bitte was?«

»Sie tragen keine vorschriftsmäßige Schutzmaske!«

»Sagt wer?«

»Sage ich.«

»Und wer sind Sie?«

»Ich bin der Zugbegleiter, wie Sie auch an meiner Uniform erkennen können.«

»Ja, jetzt, wo Sie es sagen, und ich hab schon gedacht, den feschen Bengel hat die Mamma heute aber fein gemacht. Also sind Sie der Schaffner?«

»Das ist nicht mehr die offizielle Berufsbezeichnung. Würden Sie jetzt bitte Ihre Schutzmaske aufsetzen?«

»Ich darf mich wohl erst mal vorstellen, ich bin der Anton, ärztlicherseits von der Maskenpflicht freigestellt.«

»Aha, dann haben Sie ja sicher ein ärztliches Attest.«

»Nein. Das Verwaltungsgericht Berlin hat am 06. Oktober 2020 geurteilt, dass für den Fall, dass die gesundheitliche Beeinträchtigung oder Behinderung nicht offensichtlich zu erkennen sei, ein substantiierter Vortrag zu der jeweiligen Beeinträchtigung oder Behinderung erforderlich sei. Im Rahmen dieses Vortrags könne – müsse aber nicht in jedem Fall – auf eine ärztliche Bescheinigung Bezug genommen werden. Also kann der Grund für eine Ausnahme von der Pflicht zum Tragen einer Mund-Nasen-Bedeckung auch durch die Patientin oder den Patienten gegenüber der Behörde dargelegt werden.«

»Ist das so?«

»Ja.«

»Na, dann tragen Sie mal vor.«

»Da muss ich ein wenig ausholen: Es würde schon reichen, wenn ich das sechste Lebensjahr nicht vollendet hätte oder gehörlos wäre, also auf einen Begleiter angewiesen wäre, der Lippenlesen kann, oder ich wäre dieser Begleiter. Aber das trifft ja alles nicht zu, also machen wir jetzt mal ein kleines Quiz: Leide ich a) an einer schweren respiratorischen Erkrankung, b) einer geistigen Behinderung oder c) einer schweren psychiatrischen Störung?«

»Da muss ich nicht raten, denn Sie zeigen mir jetzt auf der Stelle Ihr Attest. Das Oberverwaltungsgericht für das Land Nordrhein-Westfalen hat nämlich am 24. September 2020 entschieden, dass es zur Glaubhaftmachung eines Ausnahmetatbestandes in Bezug auf die Verpflichtung zum Tragen einer Mund-Nasen-Bedeckung eines aussagekräftigen ärztlichen Attests bedarf. Der Benennung konkreter medizinischer Gründe in einer entsprechenden Bescheinigung stehen, so das Gericht, keine datenschutzrechtlichen Aspekte entgegen. Also was ist jetzt?«

»Nüscht ist. Das OVG Berlin-Brandenburg urteilte am 04. Januar '21, also drei Monate später, dass die Vorlage von ärztlichen Zeugnissen, die so sensible Gesundheitsdaten enthalten wie eine ärztliche Diagnose, aus Gründen des Datenschutzes gegenüber nicht öffentlichen Stellen, die nicht dem Datenschutz verpflichtet sind, nicht verlangt werden kann. Und was ist jetzt?«

»Gar nix, denn Sie haben das Urteil unvollständig zitiert: Weiter heißt es nämlich: Auch wenn allerdings der Gesetz- und Verordnungsgeber derart weitreichende Inhalte eines Attests im nicht öffentlichen Bereich nicht generell vorschreiben kann, so wäre es den Anbietern privater Dienstleistungen (zum Beispiel Kino, Friseur, Supermarkt) weiterhin unbenommen, ihren Kundinnen und Kunden bei nicht ausreichend aussagekräftigen Attesten den Eintritt ohne Maske in ihr Geschäft zu versagen. Also entweder zeigen Sie mir auf der Stelle ein aussagekräftiges Attest, oder Sie setzen eine Maske auf, oder Sie verlassen beim nächsten Halt den Zug.«

»Ich habe aber keine Maske.«

»In diesem Fall könnte ich nach dem CSU-Modell verfahren und Ihnen zum Vorzugspreis von fünfzig Euro eine den Vorschriften entsprechende Maske zum Kauf anbieten.«

»Das ist ja allerhand. Wie ist Ihr Name?«

»Döbermann, Leon Döbermann.«

»Herr Döbermann, Glückwunsch, ich überprüfe gerade im Auftrag der Deutschen Bahn unser Personal und darf Ihnen sagen, dass ich Ihre Ernennung zum Zugbegleiter des Monats ausdrücklich befürworten werde.«

»Sie haben sicherlich einen Dienstausweis, der Sie als Mitarbeiter der Deutschen Bahn ausweist?«

»Nee, ha ick nich, aber ich kann Sie ooch so anscheißen, det Sie hier Bahnkunden überteuerte Masken anbieten und so blacky 'nen schnellen Euro nebenbei machen. Ick habe nämlich eene Schutzmaske, mir war bloß langweilig.« Geht doch.

Corona-Zeit ist Quiz-Zeit

Früher habe ich immer gesagt: Quiz ist nicht mein Ding, ich habe nicht das, was man so unpräzise wie missverständlich Allgemeinwissen nennt. Ich bin ein Wissens-Eklektiker, nicht zu verwechseln mit Elektriker.

Der Eklektiker wählt aus, was ihm Spaß macht, und nur das behält er. Ich bin also ein Lust-Wisser, hasse Mathe, Physik, Chemie und Erdkunde und liebe Sprache, Literatur, Philosophie, auch Rhetorik, die Kunst der Rede, die in den meinungsbildenden Prozessen der Antike eine so große Rolle spielte.

Man könnte sie auch die Kunst der verbalen Manipulation nennen. Und sie hilft mir, zum Beispiel von einer Erdkundefrage sofort auf eine Literaturfrage zu kommen, die keiner im Raum beantworten kann. Seitdem quizze ich nur noch. Und so geht der Trick: Erst mal ein Gag, dann eine kleine persönliche Herabwürdigung oder Mikroaggression, das schafft Respekt, dann aber sofort ein Lob, um die Stimmung zu heben. Dieser Dreierspielzug lässt vergessen, um was es eigentlich ging, und bringt Sie in die Poleposition.

Beispiel: Wir sitzen im kleinen Kreis zusammen, mit Abstand und unter Beachtung der stündlich wechselnden Corona-Regeln, und ich sage: »Lasst uns Quiz spielen, stellt mir eine Frage, egal, was.« Und dann fragt einer: »An welchem Fluss liegt Heilbronn?« Ich habe keine Ahnung und sage: »Am Arsch«, und wenn sich das Gelächter gelegt hat: »Das sollte nur ein Gag sein, ich hoffe, du verstehst das nicht falsch, aber ich denke, das ist echt zu leicht für eine intellektuelle Runde, wie wir es sind, aber Heilbronn ist schon ein sehr gutes Stichwort, da würde ich gern anknüpfen: Warum wird Heilbronn auch Käthchenstadt genannt?«

Womöglich sagt dann eine Frau: »Vielleicht nach dieser Zimmerpflanze, dem Flammenden Käthchen?« – »Ah, Sie meinen die *Kalanchoe blossfeldiana*, die viele nach dem Blühen wegwerfen, was man nicht müsste. Um nach dem Blühen neue Knospen bilden zu können, braucht die Pflanze über mehrere Wochen Nächte mit mehr als zwölf Stunden. Da stülpt man einfach ab Herbst am frühen Abend einen Karton über das Käthchen und nimmt ihn erst nach zwölf bis vierzehn Stunden wieder weg, bis sich die Knospen entwickelt haben, und die Farbe sichtbar wird. Dieser Trick funktioniert übrigens auch mit Chrysanthemen und dem Weihnachtsstern.«

Ich gebe jetzt den Pflanzenfans in der Runde kurz Gelegenheit, ihrer Begeisterung Herr zu werden, und fahre dann so fort: »Nein, Heilbronn heißt Käthchenstadt nach dem Namen der Titelperson in Heinrich von Kleists Schauspiel *Das Käthchen von Heilbronn*.« Und – zack – bin ich bei einem der geheimnisvollsten deutschen Dichter. Ich habe meine Zuhörer jetzt fest am Haken und lege nach: »So fragt sich etwa die Kleistforschung, warum er im Herbst 1800 unter falschem Namen mit seinem Freund Ludwig von Brockes von Dresden nach Würzburg reiste.

Suchte er den Kontakt zu Freimaurerzirkeln, weil er hoffte, dass die Aufnahme in den Geheimbund ihm, dem verkrachten Studenten, einen Weg zur Habilitation eröffnen könnte? Möglich. Es gibt aber auch die These, dass er sich in Würzburg von einem Spezialisten von seiner Phimose befreien ließ, also einer Vorhautverengung, die das geplante Eheleben schmerzhaft beeinträchtigt hätte.

Der Privatgelehrte Reinhard Pabst vermutet, dass Kleist und Brockes glaubten, ein System fürs Würfelspiel entdeckt zu haben, das ihnen die nötigen Mittel für die beabsichtigte Eheschließung sichern sollte. Es klappte nicht. Kleists Verlobte, Wilhelmine von Zenge, heiratete anderweitig, und der Dichter klagte in seinem Trauerspiel *Penthesilea* 1808: ›Mein Alles hab ich an den Wurf gesetzt, der Würfel, der entscheidet, liegt, er liegt/ Begreifen muss ich's und dass ich verlor.‹«

Gut möglich, dass es jetzt im einen oder anderen Frauenauge feucht zu schimmern beginnt. Zeit für einen Stimmungswechsel: »Wie heißt es in Psalm 104, Vers 15? Der Wein erfreut des Menschen Herz. Im Heilbronner Land steht die älteste Weinbauschule Deutschlands, in der mit Kerner oder Dornfelder einige bedeutende Rebsorten ›erfunden‹ wurden. Und hier habe ich einen besonders guten Schwarzriesling, wer möchte?«

Zum Abschluss und für Sie zum Weiterverwenden einige meiner Lieblingsfragen: Was ist das Mariko-Aoki-Phänomen? Es bezeichnet den Drang, seinen Darm zu entleeren, nachdem man Bücher gerochen hat. Oder: Wie lautet der Spitzname des deutschen Achterbahnbauers Werner Stengel? Pate des organisierten Erbrechens. Und zum guten Schluss: Wie lange dauerte es 1948, also in meinem Geburtsjahr, den ersten Berliner Flughafen in Tegel flugtauglich zu machen? 90 Tage. Da möchte man sagen: »Leck mich im Arsch«, und das wiederum ist der Titel einer Komposition von Wolfgang Amadeus Mozart. *Kaka* ist übrigens das schwedische Wort für Kuchen. Und *fika* ist eine Kaffeepause. Oft mit *kaka*.

Corona olé, eine rückblickende Momentaufnahme

01. März 21: Die Pandemie, wie der omnipräsente Herr Lauterbach sagt, geht mir auf den Sack, und die Berichte darüber, wie toll es anderswo mit dem Impfen läuft, sind auch nicht hilfreich.

Aber – und das ist mir wichtig – lassen Sie den Frust nicht an Ihren Mitmenschen aus. Wir sitzen alle im selben lecken Boot und warten auf Land in Sicht. Bleiben Sie nett und freundlich. Wie ich. Meine beste Waffe im Kampf gegen den Frust ist der Kochlöffel.

Also gehe ich heute mal asiatische Lebensmittel einkaufen. Passiere eine Menschenansammlung auf dem Bürgersteig in der Rheinstraße. Was ist los? Ein Notfall, eine Schlägerei? Nein, es sind Wartende vor einem Friseurladen. Die dürfen ja ab heute aufmachen.

Ich weiß gar nicht mehr, wann ich zuletzt zum Haareschneiden war, aber mein dünnes, spinnwebartiges Haar wächst sowieso kaum noch, hat vielmehr beschlossen, dass mir eine Mönchstonsur prima steht. Ein wenig neidisch gehe ich weiter und wünsche den jungen Männern, dass sie noch recht lange in der Kälte ausharren müssen.

Im Asialaden finde ich das spezielle Gewürz, das ich heute verarbeiten wollte, nicht, komme dafür mit zwei Tragetaschen Zeug, das ich sicher irgendwann mal brauchen werde, vielleicht sogar vor Ablauf des Haltbarkeitsdatums, aus dem riesigen Geschäft, in dem viele Menschen fröhlich einkaufen, auch ohne Einkaufswagen, wie es in meinem kleinen Kiez-Supermarkt Pflicht ist. Einer meiner beiden Stammbuchläden lässt sogar nur jeweils einen Kunden ein. Das steht auch an der Tür.

Ich hatte vor einigen Tagen während des plötzlichen Kälteeinbruchs genügend Zeit, den Zettel zu lesen und darüber zu sinnieren, dass ein Buchladen doch mindestens 50 Prozent seiner Umsätze macht, weil Kunden wie ich, die in bester Leselaune die Regale und Tische mit den Empfehlungen der Inhaber begutachten, in einen Kaufrausch geraten.

Mindestens fünf Leute hätten mit reichlich Abstand Platz. Stattdessen stand ich bei minus 10 Grad vor der Scheibe und sah zu, wie eine einzelne ältere Dame intensiv beraten wurde, sich dann für eine Postkarte entschied, zahlte, dann, weil ihr wohl noch etwas eingefallen war, mit dem Buchhändler noch mal zum Computer ging, um irgendwas zu checken. Das wiederholte sich zweimal, und ich dachte so bei mir: Wenn Sie mich fragen würden, was ist Ihre hervorstechendste Eigenschaft?, würde ich sagen: Warmherzigkeit, Freundlichkeit, Abneigung gegen jede Form sinnloser Gewalt. Wohlgemerkt sinnlose Gewalt. Nicht aber ein robustes Vorgehen gegen die rücksichtslose Greisin, die sich stundenlang ausmärt, ohne einen Gedanken an im klirrenden Frost festfrierende Kunden zu verschwenden, und gegen den Buchhändler, der sich mit seiner Korinthenkackerei aber wenigstens selbst ins Knie schießt.

Nachdem ich in meiner Fantasie beide erst angeschrien, dann gebackpfeift hatte, was mir guttat, ging ich zu meinem zweiten Stammbuchladen, der ohne selbst auferlegte Kundendezimierung auskommt, und ließ freudigen Herzens einen Haufen Kohle da.

Bei den Iden des März handelt es sich bekanntlich um eine gebräuchliche Metapher für bevorstehendes Unheil, die auf die

Ermordung Caesars am 15. März des Jahres 44 vor Christus Bezug nimmt. In dieser Geschichte möchte ich die Iden mal auf heute, also den 01. März, zurückdatieren. Ich will nach den Büchern und einigen ausgewählten Süßigkeiten aus meiner Stamm-Confiserie noch in meinem Stammkiosk Zeitungen kaufen. Es ist ein winziger Laden, in dem man sich schon allein beengt fühlt, ich habe daher für die Ein-Personen-Regelung volles Verständnis und warte brav draußen, weil ein Paketzusteller gerade etwas geliefert hat, als ein Mann Anstalten macht, den Laden zu betreten.

Ich sage freundlich: »Hallo, guter Mann, ich bin der Anfang der Schlange!«

»Man wird ja wohl noch gucken dürfen, ob einer drin ist!«

Ich: »Glauben Sie, ich stehe hier draußen, um meine Hose aufzutragen?«

Er so: »Sie jehn mir uffn Sack!«

Und geht rein. Ich, verstört, um Zuspruch bemüht, wende mich an die Frau hinter mir und sage: »Na, da liegen wohl die Nerven blank!«

Sie: »Bei Ihnen vielleicht.«

Sie gehört, wie sich herausstellt, zu dem egomanischen Soziopathen. Kurz, wirklich nur ganz kurz, stellte ich mir vor, wie ich ihn zu erzieherischen Zwecken einer kleinen Waterboarding-Behandlung unterziehe. Das habe ich vor 54 Jahren nämlich mal gelernt, bei der Bundeswehr. Es war nicht alles schlecht. Der Tagtraum hob meine Stimmung, sodass ich dem Traumpaar ein »Friede sei mit euch« nachschrie.

Zu Hause trank ich Kaffee, aß zwei Stücke Kuchen und schrieb diesen Text. Was lernen wir daraus? Zwei Dinge: Gewalt ist keine Lösung und: Die Gedanken sind frei.